“我的影片几乎无不根植于我的童年经历。”

史蒂文·斯皮尔伯格十岁左右时，对掌控力的渴望已经在他心中滋长。他在 1952 年到 1957 年就读于哈顿菲尔德的托马斯·A. 爱迪生学校——这个校名也许预示了他后来的创造力。

（美）
理查德·什克尔
著

Richard Schickel

陈数　悠拉
译

讲 故 事 的 人

斯 皮 尔 伯 格 传

STEVEN

SPIELBERG:

A

RETROSPECTIVE

图书在版编目（CIP）数据

讲故事的人：斯皮尔伯格传 / (美) 什克尔著；陈数，悠拉译 . —北京：北京联合出版公司，2015.4

ISBN 978-7-5502-4662-1

Ⅰ . ①讲… Ⅱ . ①什… ②陈… ③悠… Ⅲ . ①斯皮尔伯格，S. —传记 Ⅳ . ① K871.257.8

中国版本图书馆 CIP 数据核字 (2015) 第 018415 号

版权登记号：01-2015-0530

讲故事的人：斯皮尔伯格传

作　　者：〔美〕理查德 · 什克尔著；陈数，悠拉译
责任编辑：李征
封面设计：@broussaille 私制
版式设计：@_ 叁囍

北京联合出版公司出版
(北京市西城区德外大街 83 号楼 9 层　100088)
小森印刷（北京）有限公司印刷　　新华书店经销
字数 367 千字　　710 毫米 ×1000 毫米　1/16　　23.25 印张
2015 年 4 月第 1 版　　2015 年 4 月第 1 次印刷
ISBN 978-7-5502-4662-1
定价：58.00 元

– 纽约电影博物馆 1994 年举办的斯皮尔伯格特展。

目　　录

contents

1 _ 作者自序
5 _ 斯皮尔伯格序
001 _ 初涉影坛
022 _《决斗》
033 _《横冲直撞大逃亡》
044 _《大白鲨》
060 _《第三类接触》
075 _《1941 年》
084 _《夺宝奇兵：法柜奇兵》
097 _《E.T. 外星人》
111 _《夺宝奇兵 2：魔域奇兵》
120 _《紫色》
130 _《太阳帝国》
140 _《夺宝奇兵 3：圣战奇兵》
150 _《直到永远》
158 _《铁钩船长》
168 _《侏罗纪公园》
181 _《辛德勒的名单》
194 _《侏罗纪公园 2：失落的世界》
204 _《断锁怒潮》
215 _《拯救大兵瑞恩》
230 _《人工智能》
240 _《少数派报告》
251 _《猫鼠游戏》
261 _《幸福终点站》
272 _《世界大战》
282 _《慕尼黑》
292 _《夺宝奇兵 4：水晶头骨》
302 _《丁丁历险记：独角兽号的秘密》
313 _《战马》
323 _ 后记

作者自序

本书有一项重要特色：我所引述的史蒂文·斯皮尔伯格的每一句话，都是他在接受采访时对我讲的——我从 2005 年开始对他进行采访，当时我正在制作关于 20 世纪 50 年代科幻电影的纪录片《守望九霄》（Watch the Skies）。

也就是说，我的文字肯定体现出了显著的主观倾向性——我很喜欢史蒂文，也很赞赏他的作品，虽然我有时也会对这样或那样的个别影片加以批评。不管你们怎么看，我只想说：费力气为你不喜欢的人或者他们那些你不怎么赞赏的作品写书或制作电视节目，在我看来就是做傻事，除非你怀有小人之心。

在此说明一下：我们相识于 1998 年，当时我作为《时代》

– 上一页：2011 年摄于梦工厂。

（Time）的兼职影评人，受该杂志之邀为其75周年庆典派对制作一部其准备在纽约无线电城市音乐大厅（Radio City Music Hall）播出的小片子。史蒂文和其他几个人被请来谈论一位自己心中重要的美国电影人物，并呈现一段短片，他选了约翰·福特（John Ford）（注：美国著名电影导演，曾四次获得奥斯卡最佳导演奖，代表作有《告密者》《关山飞渡》《愤怒的葡萄》等），而我担任了他的制片助理。我们相处得很好，我发现他是个毫不做作、和蔼可亲的人，而最重要的是：他是我特别喜欢的那种人——我们一起做这个令人愉快的小小项目时，他能够全神贯注，毫不分心。他对此事亲力亲为，而不是进行"遥控指挥"。

从那之后，我们在私底下一直时有联络，偶尔也有比较正式的接触——比如他为我的关于第二次世界大战期间战地摄影师的《拍摄战争》（Shooting War）一片担任过执行制片人。在我看来，他是一位理想的执行制片人：在观看粗剪版影片时，他总是寡言少语，但一开口就能切中要害；他总会一针见血地指出影片的不足或可疑之处，同时又不会让你因为没能发现自己的疏漏或错误而感到羞愧难堪。

后来，我做了一部关于他的电影，因此促成了本书用到的几段最长的采访。我也在其他场合采访过他：我的一个电视节目，一篇关于《慕尼黑》的《时代》杂志中的长篇文章，当然——还有我为了撰写本书而专门进行的采访。我不想假装我们是关系亲密的挚友，我要说的是：我们见到彼此总会很开心；我们之间不管谁有问题需要双方一起解决，我们都能心平气和地好好商量。

至于这本书——它基本上只讲述了史蒂文的职业生涯，对于他工作之外的生活所谈甚少——对于这方面，我几乎一无所知。我觉得这也是理所当然的事情：他是个低调内敛的人，他有权保护他的个人隐私。关于他这么多年的职业抉择，已有大量引人入胜的话题可聊。

大家应该不难发现，史蒂文对我说的一些话也出现在了由这些采访催生的影片和文章里，但是这样的话出奇地少。我估计可能只有不超过 10%~15% 的访谈内容留在了最终剪辑版影片和发表的文章中，但是这并不意味着其余内容就是废话，只是在敲定最终作品时片长和篇幅不够用罢了。这也不意味着史蒂文不曾针对我们在本书中谈论过的某些话题对其他采访者说过类似的话。然而，我认为本书有一种独一无二的格调，比方说他愿意岔开话题聊一聊别的东西，也愿意讲一讲我很难通过其他来源获知的趣闻轶事。他并不经常接受采访——至少跟其他大多数导演相比是这样的，而且他在接受采访时通常都会紧扣主题而不会东拉西扯。

本书没有揭露任何深藏的秘密——事实上，我认为史蒂文根本没有什么阴暗面。他忙得不可开交，根本没工夫陷在那里面。所以，本书简要地描绘了一个男人的事业：在我看来，这个男人很可爱，而他的作品令人惊叹并且富有意义，尤其是在涉猎范围和技术成就上，而且在一些重要的方面价值依然被低估。他实在太过勤奋多产了，这是一种自强不息的追求，而不是因为他缺少财富、奖项和电影界的赞誉。

不管怎样，我很高兴能将他称为我的朋友，以及用本书为这段友谊留下一个见证。

理查德・什克尔

斯皮尔伯格序

本书既不是一部面面俱到的传记，又不是一部装模作样的自传。然而，它的确摘录了理查德·什克尔自我们初次会面后多年来对我进行的多次访谈。在这些访谈中，我点评了我在职业生涯中拍摄的电影——这份职业是从 1969 年为环球影业公司执导电视节目开始的。

我很庆幸自己既能取得商业成功又能收获一定的好评。我拍了很多让自己引以为豪的电影；而那些不大如意的作品，也没有让我分神太久。更重要的是——更重要得多的是——我的生活已经极其幸福。我做了我最喜欢做的事——执导电影（在 40 年间拍了 28 部电影），但最重要的是我承蒙上天眷顾，拥有

– 上一页：1977 年摄于《第三类接触》片场的侧影。

了一个充满爱的温馨家庭。

不过家庭不是本书重点关注的话题。我与理查德的对话主要围绕我拍摄的电影（还有一些由于这样或那样的原因决定不拍的电影）展开，在我看来这是理所应当的。理查德赞同这样一个观点：有名望的公众人物有义务针对他们为博得观众认可而进行的活动，给大家一个定论——于我而言，这种需要有个定论的活动就是电影了。对于我在漫长得连我自己都感到惊讶的职业生涯中做出某些特定抉择的原因，观众们可能感兴趣，也可能不感兴趣。我也不排除有一天亲自撰写回忆录的可能性，但应该不会在近期做这件事。我喜欢拍电影，不管是亲自执导，还是为年轻导演的作品担任制片人——那些影片中有很吸引我的画面，而我觉得它们也会吸引更多观众。说实话，我现在依然对电影事业满怀热忱、全情投入，一如我在上高中时初次拍摄业余影片那样。

事实上，随着拍摄技术的发展、事业抱负不可避免的扩大，我对电影的热情可以说只增不减。我依然喜欢拍摄《夺宝奇兵》和《侏罗纪公园》这样的电影，它们给我这个导演带来的挑战，超出了在一些人看来或许显而易见的那些挑战。拍摄它们是很有乐趣的事情，而观众在观看时显然也很有乐趣。但是毫无疑问，从《紫色》开始，我对更沉重的题材越来越感兴趣。随着年纪渐长，你会顺理成章地想要转向更严肃的故事主题，而不想再局限于大鲨鱼以及比鲨鱼更大的恐龙等东西。

这并不意味着我要全盘否定自己的任何电影，即便是那些我现在意识到自己本应做得更好的作品。有时候我们可能会一反常态地热爱失败，其程度不亚于我们对成功的热爱——我们从失败中能比从成功中学到更多。

不过，我们的对话中没有提到“运气”这件事——我的运气一直很好，刚入行就有幸得到恩师指点，好运就是从那时开始的。我对西德·谢恩伯格、卢·瓦泽曼和理查德·扎努克等人的感激之情难以言表，他们在我身上看到了我自己没能完全看清的东西。我也很幸运地没有经历漫长的学徒期，二十岁出头就在环球做电视节目，24 岁就执导了《决斗》——一部后来作为剧情片四处公映的电视电影。四年之后，《大白鲨》遭遇了水上拍摄所能遇到的各种困难情况，更不用说机械鲨鱼不能活动这种事了，在几乎所有人都希望停止拍摄或者至少把导演炒掉的时候，是西德站在了我这边。西德第一次和我谈论我在环球的工作时，就说过无论情况是好是坏他都会支持我，而他也确实说到做到了。这部好不容易才拍完的电影姗姗来迟但大获成功，而我对于它的感情一直很矛盾，因为它是一部冷酷无情、令人恐惧的作品。但是毋庸置疑，正是西德在该片备受质疑时颇有风度地顶住了压力，从而让我的导演生涯得以为继。

没错，这就是运气。还有远离陷阱、抓住机遇的本能，以及足以让我承接的大多数工作被人们认可的见识——我明白失望总是在所难免，也没什么好抱怨的。

我希望这本书也能融入我的好运气之中。我以往从未配合创作过关于我的图书，但是本书作者既是我的朋友又不时与我共事，我们的谈话很轻松，他也毫不掩饰他的论断，而我也尊重他的评判。在他的叙述中，他清楚地记录了我在漫长的求索之路上对这项工作的许多想法。我的想法当然不止这些，但是对于那些有兴趣了解我的工作方式以及工作带给我的无穷乐趣的读者来说，我觉得这本书的内容已经足够丰富了。虽然眼看就要到正常的退休年龄，但我真想继续工作直到永远。因为抛开其他一切不说，执导电影对我来说既是一份至纯至真的热爱，又是一种无与伦比的快乐。

Steven Spielberg

“当我意识到这种媒体——这种其貌不扬的 8 毫米胶片——能让我的生活更美好时，我对我的生活、我自己都感觉好极了，而且你知道我也非常乐于带其他人走进这种神奇的媒体。”

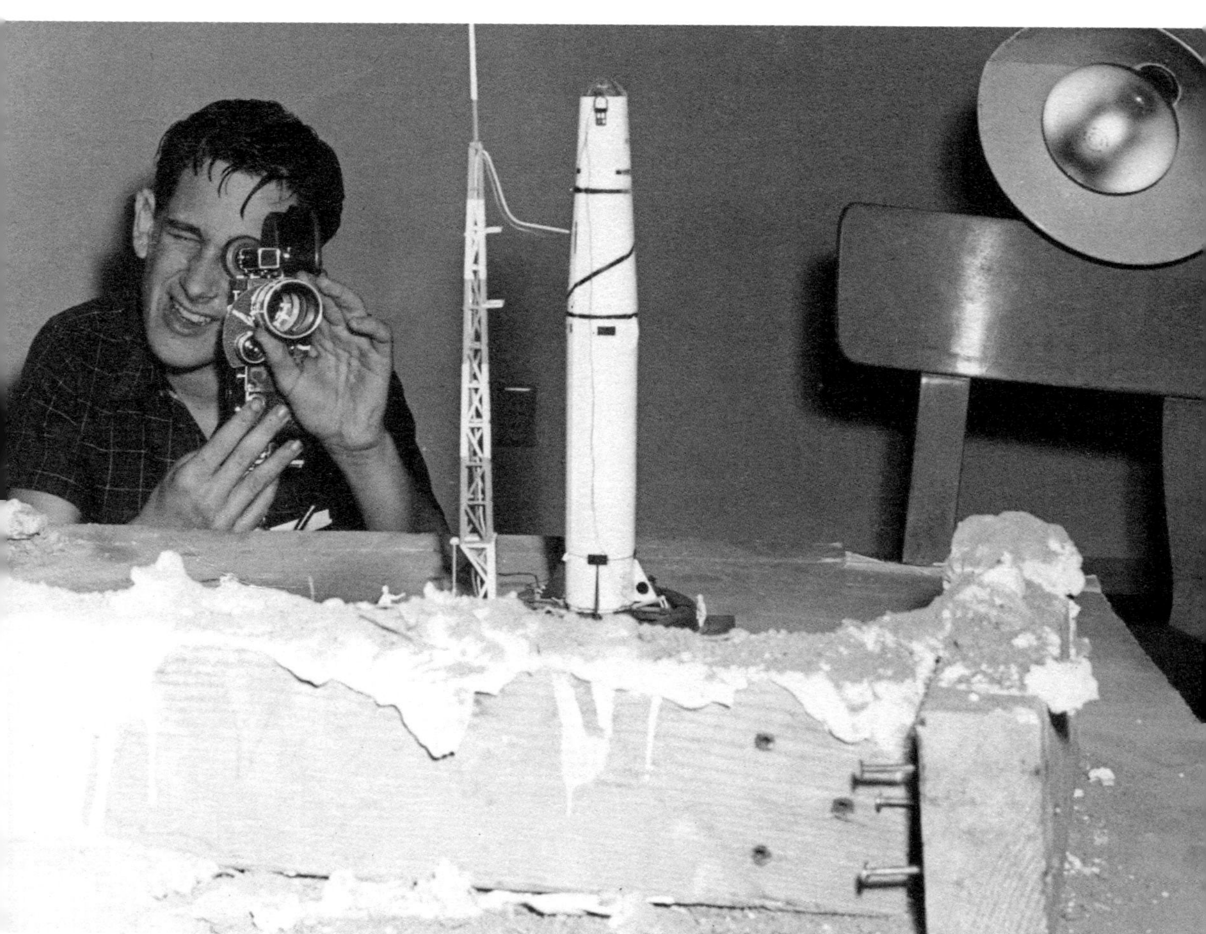

–17 岁时，为电影《火光》里的发射场景做准备。

初涉影坛

年约 18 岁的史蒂文·斯皮尔伯格在卡诺加公园[1]和亲戚共度暑假时，有一天突然决定去环球影城旅行。在当时，这样的旅行需要搭乘巴士，中途会休息一次——这位年轻的未来电影人也利用这次休息去了一趟洗手间。不过和团友们不同的是，当其他人都爬回巴士时，他却留了下来并藏身在一个隔间里。等到大家离开了一个半小时后，他才跑了出来——终于，他可以在片场尽情漫步、畅行无阻了。

这是一次冲动之举，还是为了未来发展而精心策划的一次出逃？答案肯定是后者。正如他在之后的职业生涯中表现出的那样，斯皮尔伯格绝不是一个特别冲动的人——他最重要的电影中有很多都酝酿了十年或者更久。但是这个问题其实并不重

1 洛杉矶圣费尔南多山谷的一个区，在加利福尼亚州。

“关于我父母的故事在我心中盘桓已久，而我一直没有勇气去拍。有朝一日我会把它拍出来，但是这件事很难，因为我得深入挖掘我母亲、父亲、三个妹妹的个人经历以及我自己的生活，然后把这些东西摆出来供全世界的人围观。在拍摄这样一部电影之前，我必须去奥兹国[1]向巫师寻求勇气。”

– 斯皮尔伯格一家，约摄于 1951 年。从左到右：妹妹安妮、父亲阿诺德、史蒂文、妈妈莉亚。阿诺德和莉亚后来又有了两个女儿——苏和南希。他们在 20 世纪 60 年代中期离婚。

– 下一页：来自家庭相册的照片。童年时期的许多回忆和经历对斯皮尔伯格后来拍摄的电影产生了深远影响。

1　美国童话作家 L. 弗兰克·鲍姆所著系列童话中的魔法王国，《绿野仙踪》是最著名的一部。

要。“我在制片厂待着，都不知道该如何回家，但是整个下午我一直在摄影棚、剪辑室进进出出——这次一个人的旅行过得非常开心。”

但是，到了最终要离开时，史蒂文不知道怎样才能回到卡诺加公园。是时候打个电话了，而他碰巧找到了一个叫查克·西尔弗斯的人——这位胶片管理员听了他的故事之后，欣然地大笑起来并称赞了他的胆大妄为，而最重要的是签给他一张为期三天的通行证。这张通行证在这孩子手中得到了很好的利用，但是到期之后他就得自己想办法了。他决定看看自己是否能蒙混过关：他穿上自己在受戒时穿的上好西装——那个年代的人们仍然穿最好的衣服去制片厂工作，朝以坏脾气著称的大门门卫斯科蒂挥了挥已经过期的通行证——他就这样在片场溜达，然后一次又一次故技重演，结果在整个暑假乃至转年暑假都没有被盘问。

他从不停下脚步。影城里总有风风火火四处奔忙的人，谁也没有质疑过他们。不露破绽的秘诀在于要表现出行色匆匆的样子，还有千万不能回头看。没过多久，大家都觉得斯皮尔伯格一定是制片厂的工作人员，虽然谁也没有问过他到底是做什么的。

斯皮尔伯格自己也不清楚。“那时候，我对于能在电影界有何作为并没有多大想法。”他回忆道。这有可能吗？我觉得有可能。可以肯定的是，与其说他信奉“无心插柳”的神话——就是很多图书、戏剧和电影里宣扬的那种，不如说一个天真少年机缘巧合做了不同寻常的事情、冲破了电影公司的藩篱然后扬名立万的故事，还是这种说法可能性更大。

不管怎样，在制片厂的后期制作区——也就是剪辑师、音效编辑师、混音师艰苦奋战的地方，斯皮尔伯格混得再熟不过了。有一天，总剪辑师理查德·贝尔登问他是否愿意做点实事，他

“我对钢琴、音乐有点儿抵触，因为我根本听不懂这种东西。我妈妈会演奏古典音乐，那声音真让人毛骨悚然，尤其是对于一个小孩子来说——简直就像《惊魂记》里的小提琴配乐，就像用指甲划黑板的刺耳噪声——我常常惊声尖叫，妈妈拿我一点儿办法也没有。”

当然愿意。“好的，下到205房间（之类的地方）去拿一台Moviola剪辑机过来，只要告诉正在使用的人别的地方要用这台机器就行。”小伙子勇敢地冲了进来，面对一个打着赤膊、汗流浃背的大块头男人，拔下剪辑机的插头，推着它就朝外走。

一时间尖叫声四起，或许还有一番无关紧要的短暂挣扎，然后这个孩子在

“在我看来所有孩子都会经历电影制作。父母给他们买来小玩偶、士兵、小人作为生日礼物——我小时候得到的是牛仔——然后孩子就趴在粗毛地毯上，把小人举到眼前——这样能看上去栩栩如生，然后在小人的一侧肩膀上摆出一个角度，把间隔一臂距离的另一侧肩膀放在另一只手里，然后口中发出‘砰、砰、砰、砰’的声音——这就是最早的电影制作了。我们都是天生的电影制作人，我想我从未戒掉过这个爱好。”

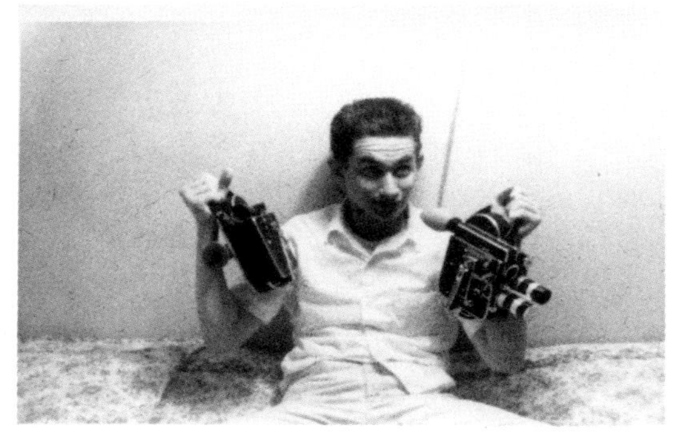

–《火光》的导演强占了父亲的 8 毫米摄影机。

一群后勤员工的哄笑中匆匆打了退堂鼓。他没有认出剪辑机前这个怒气冲冲的男人就是马龙·白兰度[1]——这位享有环球公司终身合同的大腕正舒舒服服地倚在剪辑室里，处理他在世外桃源塔希提岛拍摄的 16 毫米胶片。顺便说一下，斯皮尔伯格后来再也没见过他，虽然多年后他们有过一次简短的电话通话。

从本质上讲——尽管这样说有些牵强——斯皮尔伯格作为一名业内人士经历了那些岁月，这比做个翘首观望的门外汉好得多。更重要的是，他也在学习（准）专业的处事方法——学习行业术语，学习制片厂或好或坏的运作方式，了解制片规程何以提高效率又何以在某些时候威胁创造力。他从来都不是反抗权威的叛逆者——事实上，他是在好莱坞影响力最持久的主流权威人士之一。最后要说两件事：他对环球产生了不可动摇的深厚感情——他的办公室至今仍在片场；他与这家电影公司的非正式合作关系告一段落的时候，他对职业发展道路已经没有任何疑虑了——他将会成为一名导演。

但是在那时，他早已是一名导演——无论他承认与否，因为他在很久以前就开始体会这个职位所蕴藏的力量了。

五岁的时候，**他看了人生中第一部电影**——塞西尔·B. 戴米尔执导的《戏王之王》，是在辛辛那提时他父亲带他去看的。他对电影可谓一见钟情，几乎在第一时间成了电影迷，并且很快就超出了父母的控制。到了十二三岁时，他强占了父亲的 8 毫米柯达摄像机，开始自己拍摄电影，而且水平相当不俗。其中一部是《火光》——这部片长两个半小时的无声电影（后来加上了音轨）耗时一年才完成。斯皮尔伯格声称这是他最糟糕的四部电影之一，但是说真的，考虑到编剧 / 导演年纪轻轻、缺乏经验，它其实根本没那么糟。斯皮尔伯格在当地一家影院举行了首映式，还煞有介事地用豪华轿车助阵。

那时候，斯皮尔伯格一家一直处于流动状态。他们在六个城市居住过，因为他的父亲阿诺德作为一名计算机工程师，一直在寻觅更好的工作（他的母亲莉亚是一名钢琴家，后来在洛杉矶的皮克大道开了一家熟食店）。

1 1924 年—2004 年，美国传奇巨星，代表作有《欲望号街车》《现代启示录》《教父》等。

史蒂文永远都是班里新来的小孩，这个身份一直让他闷闷不乐。他还有一个争吵不断的家庭——史蒂文深爱所有家人（他有三个妹妹），但是他的父母最终还是离婚了，这给斯皮尔伯格造成了创伤——用他的话说，学习在父亲缺席的家里生活，是他早年人生中最艰难的经历。

他面临问题的“掌控”——确切说是缺乏掌控，就像大多数孩子一样。他们因为那些只在理论上讲得通的理由，不得不去做父母一定要做的事——换城市、搬家、转学。他回忆称，他在几所学校都没有朋友，就算最后好不容易交到了朋友，也会因为突如其来的搬迁而被迫分离。他在回忆往事时态度很温和，但坚决反对歧视犹太人。只有一件事情让他真正感到开心，那就是拍摄电影。

“我醉心于电影带给我的掌控力，它能让我制造事件的结果——比如两列莱昂内尔火车模型相撞的车祸，我可以让它反复进行，然后看上一遍又一遍。我想我意识到了自己可以通过另一种媒体去改变感知生活的方式，使它更好地呈现在我眼前。”而且，这样还能顺便“看看我做的东西能否对除我之外的其他人产生影响”。

斯皮尔伯格对上大学并不着迷。在“潜入”环球的时候，他已经被位于长滩的加利福尼亚州立大学录取了（似乎他的成绩不够让他进入更好的电影学院——南加州大学、加州大学洛杉矶分校显然是他该去的地方）。为了学到更好的东西，他选择了英文专业，尽管他的阅读能力当时不怎么样。那时候，这所大学连一门电影课程也没开，但是这根本阻止不了他。

他筹集到一些资金，利用空闲时间拍了六部短片——高等教育反倒更像是他的兼职工作了。

这段时间里斯皮尔伯格拍摄的电影有《偶遇》——它讲述了一个没有枪的职业杀手不得不用刀完成任务的故事，或许更有前途的是《滑流》——这部场景在帕罗斯·韦德斯[1]、讲述自行车比赛的电影由托尼·比尔主演。但是很遗憾，他由于资金耗尽而没能把它拍完。这时候，斯皮尔伯格已经觉得上大学“毫无用处”，但是越战打响了，而他需要通过上学来逃避征兵——他现在将这件事称为“人生中的一笔投资”。

1 洛杉矶的一个地区。

-他正在紧锣密鼓地拍摄第一部力作——《火光》，这部电影片长两个半小时，摄制过程耗时一年。当地报纸将斯皮尔伯格称为“少年塞西尔·B[1]”。

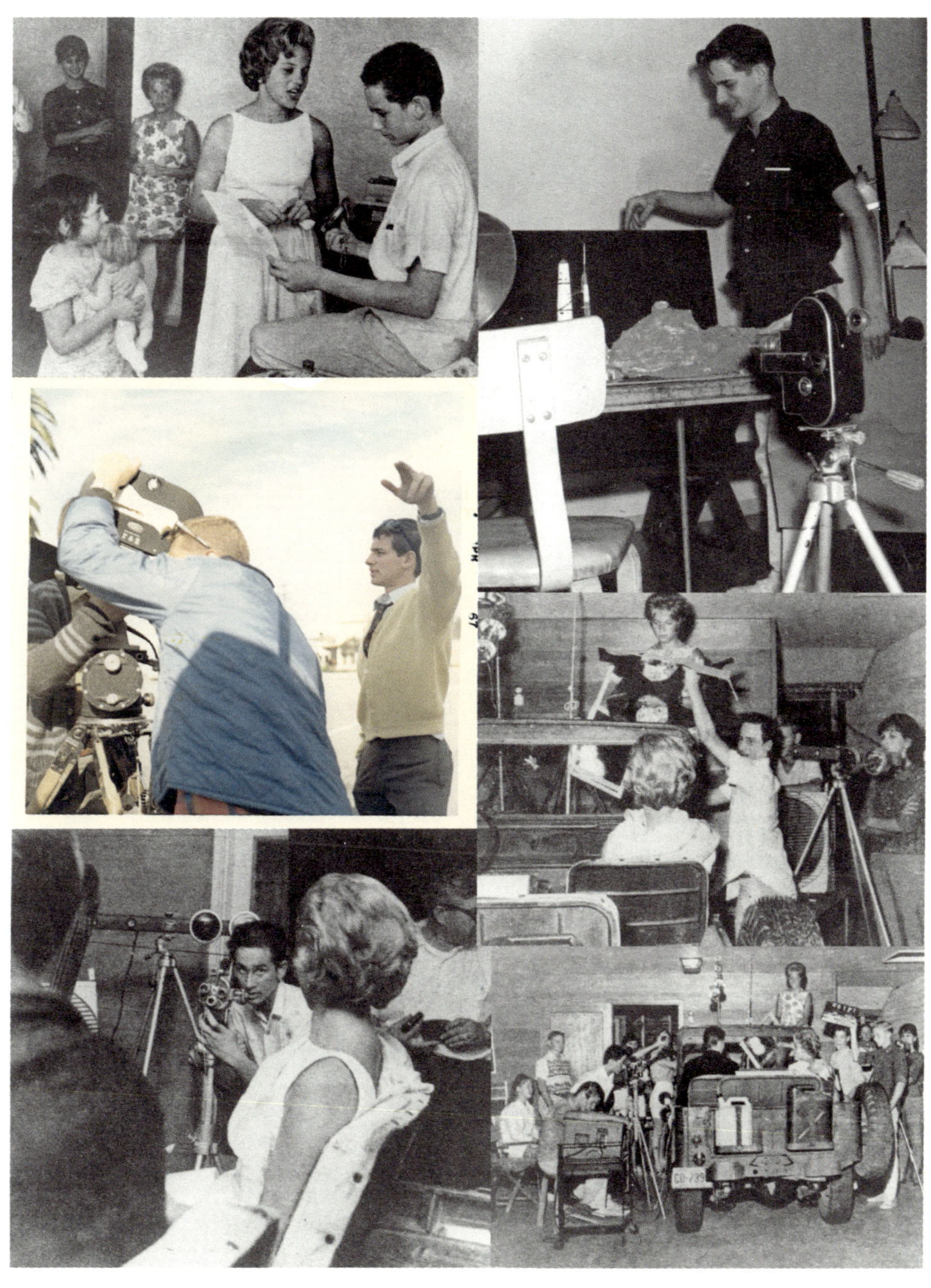

1 塞西尔·B. 戴米尔，1870 年—1950 年，美国导演，作品有《埃及艳后》《戏王之王》《十诫》等。

斯皮尔伯格安排好了他在大学里的时间表，把所有要上的课都放到了周一和周二，这样他就能在其余三天里去环球报到，做他那份不是工作的工作了。最重要的是，他意识到：虽然之前拍的一些电影很有前途，但是他必须做出某种能让广大观众喜闻乐见的东西、某种能让电影公司高管注意到他的东西。

走进《安培林》。起初，它是一个五页长的故事概念，讲述了两个年轻人在荒凉的莫哈维沙漠[1]里打情骂俏，终成恋人。他给一个名叫丹尼斯·霍夫曼的人看了这份文档——此人是电影特效公司 Cinefex 的老板，但同时也渴望成为一

– 摄制《火光》时，斯皮尔伯格在注重电影创意的同时也开始关注商业利润。他在 1964 年 3 月 24 日举行了首映式，最后计算出这部成本 500 美元的影片让他赚了 1 美元。

1　位于美国加利福尼亚东南部，横跨内华达州、亚利桑那州、犹他州三州。

名制片人。他投了1万美元，这笔钱足够制作这部时长26分钟、像《火光》一样没有对话（后来会加上去）但是有音效的影片。斯皮尔伯格说过这部电影并不比“百事可乐广告片”强多少，但是它的确比后者更胜一筹——单是那非常专业的摄制水准就可以说明问题。霍夫曼带着它跑了几个电影节，赢得一些奖项，后来让它成了派拉蒙1970年大热影片《爱情故事》的开场短片。

与此同时，斯皮尔伯格和一位非常有趣的良师益友结下了缘分——这个名叫詹宁斯·朗的人是环球的制片主任，个性粗犷不羁，擅长调制令人销魂的马丁尼鸡尾酒，据说他有一个睾丸被制片人沃尔特·万格[1]一枪打没了，后者怀疑他玩弄了自己的妻子女演员琼·班尼特，而且猜对了。詹宁斯·朗对斯皮尔伯格颇有好感，并且在他的早期电影作品中看到了巨大潜力，尽管没能给他在环球正式工作的机会。詹宁斯·朗更是一位睿智的领路人，如果你愿意，他会在电影公司里里外外的处事问题上给你指点迷津。

查克·西尔弗斯是斯皮尔伯格在环球的第一任师父，据说是他把《安培林》给了西德·谢恩伯格——后者当时在执掌公司的电视节目制作。这个行事果断的男人后来成了斯皮尔伯格在环球最重要的教父，而他自己也晋升为全公司的制片一把手。有一天，他叫斯皮尔伯格11点去他的办公室一趟。“第二天我10点40就到了——这么早真让人尴尬——于是我等了大约15分钟。西德一看到我就递给我一份为期七年的合约——整个会面过程只有不到十分钟。”

在谢恩伯格的记忆里，斯皮尔伯格在这次转折性事件中脸色苍白得像幽灵一样，回应之前还犹豫了一下，以至于这位高管有些怀疑他是否还拿到了其他电影公司的录用函。事实并非如此——他只是“不知所措”而已。就在这时，谢恩伯格说了一句神奇的话：“如果你加盟环球，我能向你保证一件事：我不仅会在你成功时支持你，还会在你失败时支持你。”

“那句话，”斯皮尔伯格说道，“我从来没有忘记过。”

他顺理成章地在合约上签了字。

几天之后，他坐在小小的办公室里等待他的第一个任务，感觉“环球影业

---

1 好莱坞知名电影制片人，监制过《圣女贞德》《埃及艳后》等影片，1949年获得奥斯卡终身成就奖。

一直都像是自己的家，比从小到大居住的那个家还要亲切——这么说真是可怕的大逆不道之言，我爱我的妈妈、爸爸和妹妹们，但是我属于这里。”

当然，事实证明了这一点。直到今天，即便他在差不多所有好莱坞电影公司都拍过影片，他的制片公司依然把总部设在环球的外景地附近，在一栋不是特别气派但非常舒适的土坯房里，而他从来没有搬离这里的意思。墙上挂有斯皮尔伯格收藏的诺曼·洛克威尔[1]的画作，一个玻璃柜里放着《公民凯恩》中的一只雪橇，会议室里有他最新的玩具“七大洋”的模型——这是一艘远洋游艇，不过实际使用次数可能不如他预想中那么多。

在 1969 年，他自然说什么也想不到自己有朝一日能一掷千金买游艇——当时他正在为环球布置给他的第一个任务冥思苦想，这个任务是拍摄罗德·瑟林主演的《夜间画廊》试播集，参演者还有像琼·克劳馥[2]这样的大牌明星。他挑起了这个全新项目的大梁，而侧线故事由鲍里斯·萨格尔和约瑟夫·萨金特执导。

用斯皮尔伯格自己的话说，他的职业生涯还没开始就差点儿完蛋。

克劳馥在片中饰演一个盲女，她买下了一个穷人的双眼，这样就能在夜幕完全降临前看一看纽约城。然而，她却目睹了一场全城大停电以及由此引发的种种闹剧。对于初次掌机的导演来说，这是一部颇具野心的作品，而多达 75 人的庞大剧组也让拍摄变得毫不轻松——这和他过去拍摄业余电影时只有寥寥数人的小团队截然不同。此外，这些好莱坞资深影人拍过斯皮尔伯格“有生以来最喜爱的一些影片”，缔造了“好莱坞黄金时代”。

开机后没多久，意料之中的事情就发生了：“我在露面时长了一脸青春痘，披着一头长发，取景器还装腔作势地挂在脖子上，仿佛是我用来辟邪的护身符。他们看了我一眼，然后说这孩子最好尽快证明自己，要么就得离开这里。”

“我记得自己遇到了剧组人员的巨大敌意，简直就像我对他们的人身安全构成了威胁一样。剧组里的普通工作人员存心跟我过不去，能干多慢就干多慢——他们不是为了让自己被炒，或许是为了把我挤走。我作为专业导演的第

1 1894年—1978年，美国 20 世纪早期的重要画家。

2 1904年—1977年，好莱坞黄金时代著名女影星，曾凭《欲海情魔》获第18届奥斯卡最佳女主角奖。

“这将是一首交响诗，讲了一个男孩和一个女孩在沙漠里相遇、一路搭便车前往太平洋。故事非常简单，我一天之内就写完了。”

一份工作，就这样比原计划晚了四天才完成。”

“可想而知，公司朝我发火了，制作人威廉·沙克海姆也朝我发火了，而助理制片人约翰·班德汉姆[1]（他也是斯皮尔伯格的好友，后来做了导演）说道：‘你就不能让进度加快一点儿吗？’”

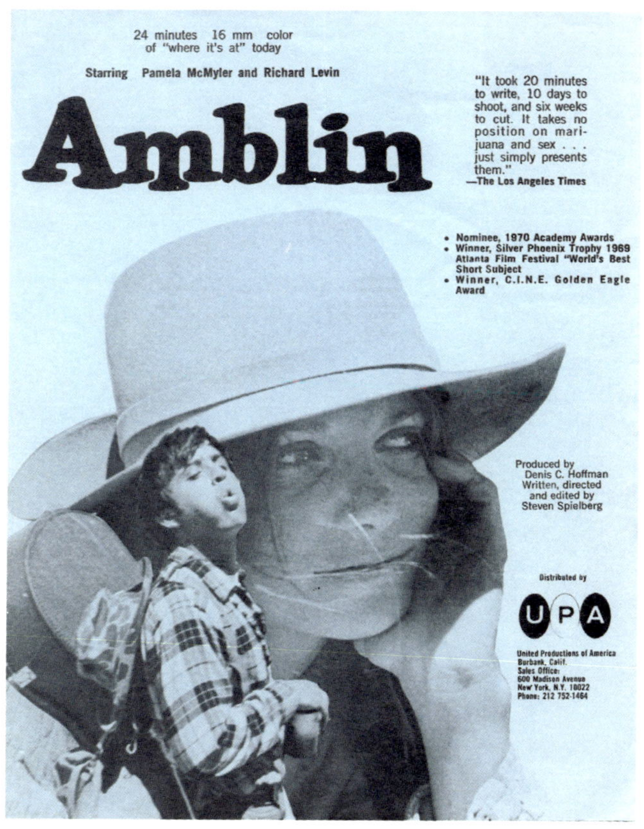

- 斯皮尔伯格在他的最后一部业余影片——《安培林》里展示的巨大潜力，让他成功与环球签约。为了纪念这部意义非凡的电影，他后来给自己的制片公司取名“安培林”。

1　1939年—，出生于英国的演员、导演兼制片人。

“这很残酷——是一场真正的浴火洗礼。他们究竟是出于恶意，还是因为——你知道——加入这个兄弟会的考验：我们都是活跃分子，所以我们要让你经历地狱般的一周——我也不知道，不过那真是地狱般的一周。”

解救斯皮尔伯格的是他最亲密的工作伙伴——摄影师迪克·巴彻勒，以及包括琼·克劳馥、巴里·沙利文和汤姆·鲍斯力在内的演员。当然，他们都是资深专业演员，观众也希望在银幕上看到他们。除了帮这个孩子渡过难关，他们别无选择。

结果自然是喜忧参半。这个节目在美国全国广播公司（NBC）首播，收获好评并延伸为剧集。然而在片场这一带，斯皮尔伯格却听到自己被人称为“谢恩伯格的傻小子”。他在很长一段时间内无所事事、度日如年，几乎接不到什

– 斯皮尔伯格仔细端详在《安培林》中扮演那对准情侣之一的帕梅拉·麦克麦拉。斯皮尔伯格认为这部短片并不比“百事可乐广告片”强多少。

么工作——几个月后他执导过《维尔比医生》，但是在那之后超过一年的时间里，都没有回归稳定的工作状态。他最著名的作品或许是《神探科伦坡》中的一集——不是试播集，而是这部旷日持久的剧集中的第一集。在拍完《维尔比医生》之后、回公司工作之前的间隙，他向谢恩伯格申请休假（其实只是在合同末尾补上了漏掉的几个月假期）并获得批准，然后借机构思了一些最后终于大放异彩的剧本。

其中一个创意最后变成了他的第一部剧情片《横冲直撞大逃亡》。该片取材于一对糊涂父母的真实事件（最后由歌蒂·韩和威廉·阿瑟东主演）：这对父母打算把他们的孩子从养父母那里解救出来，而在解救过程中却成了名扬得克萨斯州的英雄——这部场景在得州的影片本质上就是一场长长的追逐大戏。环球当时已经拿到了关于这个故事的一些公共领域素材，斯皮尔伯格听到风声后，与人合写了一个方案，然后交给了他的朋友哈尔·巴伍德和马修·罗宾斯——这两人后来凭借该片荣获编剧奖项。他们都是一群年轻电影人（马丁·斯科塞斯、乔治·卢卡斯和布莱恩·德·帕尔玛也在其中）中的一员——这些年轻人正在电影工业的底层苦苦坚持，正在拍摄或设法拍摄他们的第一部低成本影片。与此同时，他们也会阅读彼此的剧本，互帮互助解决彼此的难题，甚至尽他们最大的努力保护电影胶片——当时家庭影院还没有出现，电影公司对这件事并无兴趣。

巴伍德和罗宾斯辛勤工作时，斯皮尔伯格开始琢磨另一个点子——他和大学同学克劳迪亚·索尔特合作的一个剧本，叫作《父子双雄》。它讲述了在20世纪20年代初的美国，一名第一次世界大战期间的王牌飞行员带着聪明伶俐的儿子进行巡回表演的故事。和糟糕的亲子关系一样，飞行也是斯皮尔伯格后来的电影作品中反复出现的一个主题。

这个剧本引起了理查德·扎努克[1]和大卫·布朗（1959年—2010年，好莱坞著名制片人，扎努克的长期合作伙伴）的注意——这两人当时刚刚开始作为独立制片人进行长期合作。他们给了斯皮尔伯格和索尔特10万美元——斯皮尔伯格在他为期不长的电影生涯中还从未见过这么多钱。他和索尔特当然要了这笔

1 1934年—2012年，好莱坞传奇制片人，代表作品有《音乐之声》《为黛西小姐开车》《大白鲨》等。

- 左上："还有一件事。"[1] 拍摄《神探科伦坡》的间隙，和主演彼得·福克在一起，摄于 1971 年。

- 右上：琼·克劳馥为《夜间画廊》中的特写镜头做准备，斯皮尔伯格在查看各个角度，摄于 1969 年。

钱，而影片在二十世纪福克斯公司开拍，由克利夫·罗伯逊主演。他们可能谈过让斯皮尔伯格执导该片的事情，然而在罗伯逊参与制片改写之后，这部影片就从他手里溜走了——索尔特只得到了编剧头衔，斯皮尔伯格只有故事创意的功劳，而约翰·厄曼执导了该片。最后，这部曾经被寄予厚望的电影最终只在非常有限的范围内上映，在评价和商业上都惨遭失败。

但是，斯皮尔伯格毫不气馁。那时候他坚持不懈地积极建立人脉——不仅结交和他年纪相仿的年轻未来导演，还结交在环球和其他公司位高权重的管理者。不管他经受了怎样的挫折，从谢恩伯格到下面的人依然相信他的才能。斯皮尔伯格工作起来就像魔鬼，但是对不认识的人又会表现得有些羞涩和矜持。他对自己的朋友和导师既和善又忠诚，跟他们当中很多人

1 《神探科伦坡》里科伦坡的口头禅。

的交情都延续终生。

1970 年到 1971 年，斯皮尔伯格回到了环球，工作状态也稳定下来。他在这两年里拍摄了 6 集电视剧集，其中最著名是《神探科伦坡》里那一集——此剧在 1971 年 9 月成了美国全国广播公司的固定节目。从某些方面来说，斯皮尔伯格对该剧的贡献是一种小众经典——彼得・福克动辄在奇怪的地方挤眉弄眼、耍宝搞怪，但还不至于像后来那样沦为俗套。

但是斯皮尔伯格的职业生涯依然前途光明——尤其是考虑到他还如此年轻（1971 年他只有 24 岁）。没有人怀疑他将会作为一名导演在影坛大展拳脚、出人头地；而另一方面，当时也没有人预料到，权力、财富、赞誉在短短四年之内就会降临到他头上——尤其是在他转战影坛的第一次尝试从各方面来看都很平庸的情况下。

–“谢恩伯格的傻小子”和他的师父西德・谢恩伯格（左）一起观看《直到永远》一片的录像回放，摄于 1989 年。

“我每次发现的新东西都和故事有关。无论什么时候，只要找到新东西可做，我就会重新兴奋起来，就会重新变成小孩。对我来说，长生不老之泉就是创意或故事。我有时候自己进行构思，有时候会在读到别人写的东西时不禁叫好：‘天啊！我一定要把这个故事讲出来，我一定要拍这部电影！’这就是我前进的动力。”

– 准备试拍《大白鲨》。

– 下一页：拍摄《拯救大兵瑞恩》（1998年）开场那段令人难忘的25分钟战斗画面时，从一处德军火力点俯瞰奥马哈海滩“绿狗”（Dog Green）区。斯皮尔伯格凭借此片获得了自己的第二个奥斯卡最佳导演奖，而让他第一次获此殊荣的作品是《辛德勒的名单》（1993年）。

“如果一部电影要反映某种现实生活中的境遇，它必须把所有真实的故事讲得像正弦曲线一样波澜起伏，也就是说要有荒诞，有喜剧，有痛失，有强大的顽固势力对你穷追不舍，然后最终得到救赎。”

《决斗》

（1971 年）

“《决斗》是对机器的控诉。我从一开始就下定决心，让这部电影彻头彻尾地表现我们的整个社会科技是如何土崩瓦解的。”

– 下一页：斯皮尔伯格第一间办公室的公告板上东西不多，其中展示了他凭借早期作品《决斗》一片，在西西里陶尔米纳电影节上收获的赞誉。

SPIELBERG E DE SICA
PREMIATI A TAORMINA
DUEL
...set my nerves jangling.
...relentlessly exciting...
THE CENTER OF THE CYCLONE
JOHN C. LILLY, M.D.
POLICE CAPTAIN

“电影在影院上映时，欧洲观众第一次看到 1.85:1 的画幅，其效果就连我自己也没在电视上看过，因为边缘被裁掉了；但是在 1.85:1 的画幅中，坐在汽车后座上的我在 17 个镜头里彻底穿帮。他们不得不进行光学放大和位置调整，从而把我从画面中剔除出去。”

– 在大银幕上迈向成功。《决斗》最初在 1971 年作为一部电视电影上映，但是两年后又推出了在欧洲影院上映的版本。

– 丹尼斯 · 韦弗[1] 在查看自己的后视镜。此次旅途的每个阶段都会变得更糟糕。

从表面上看，《决斗》是一部简洁利落的小片子，充满悬念，充斥着动作场面，而最有意思的是它带有一种无缘无故的凶狠。在一条基本被废弃的沙漠高速公路上，一辆破旧大卡车的司机出于莫名其妙的理由，决定追逐和冲撞一个多少有些无辜的汽车司机，后者是一名出城进行例行拜访的推销员。虽然是那个汽车司机不小心挡了卡车的路，但是这件事还真不至于招来报复性的蓄意谋杀，或许只能让他们在沿途的休息站狭路相逢时推搡一番而已。

环球拿下理查德 · 麦瑟森[2] 在《花花公子》上发表的这则故事，是件或多或少有点儿例

1 1924 年—2006 年，美国演员、导演、制片人。

2 美国著名小说家、编剧。

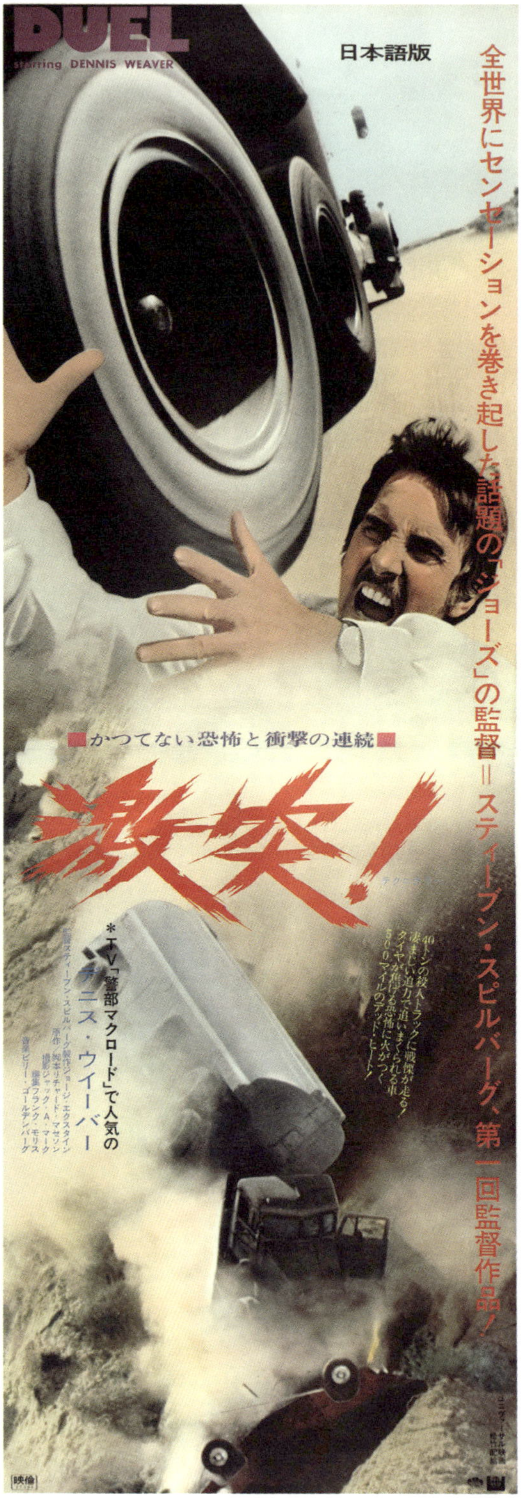
DUEL
starring DENNIS WEAVER
日本語版
全世界にセンセーションを巻き起した話題の「ジョーズ」の監督＝スティーブン・スピルバーグ、第一回監督作品！
かつてない恐怖と衝撃の連続
激突！
40トンの殺人トラックに戦慄が走る！
凄まじい迫力で追いまくられる車
タイヤが焦げる恐怖に火がつく
500マイルのデッド・ヒート！
＊TV「警部マクロード」で人気の
デニス・ウイーバー
監督スティーブン・スピルバーグ製作ジョージ・エクスタイン
原作／脚本リチャード・マセソン
撮影ジャック・A・マーク
編集フランク・モリス
音楽ビリー・ゴールデンバーグ

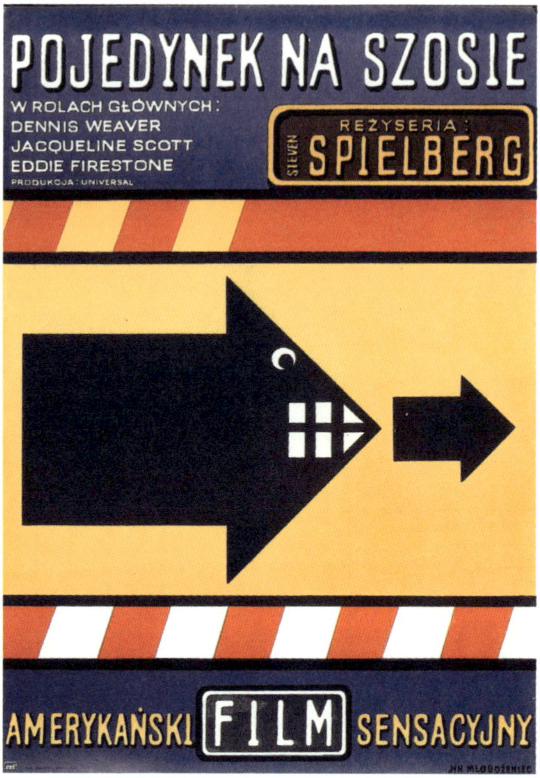
POJEDYNEK NA SZOSIE
W ROLACH GŁÓWNYCH:
DENNIS WEAVER
JACQUELINE SCOTT
EDDIE FIRESTONE
PRODUKCJA: UNIVERSAL
REŻYSERIA:
STEVEN SPIELBERG
AMERYKAŃSKI FILM SENSACYJNY

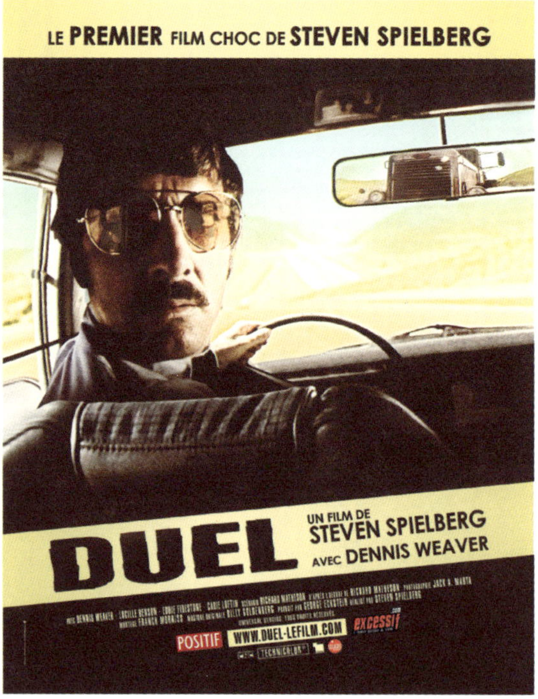
LE PREMIER FILM CHOC DE STEVEN SPIELBERG
DUEL
UN FILM DE STEVEN SPIELBERG
AVEC DENNIS WEAVER
POSITIF
WWW.DUEL-LEFILM.COM
excessif

《决斗》

行公事的事情。公司认为它没准能拍成一部低成本的剧情片，或是拍成一部周播电视电影，后者的可能性更大一些。斯皮尔伯格当时的助手诺娜·泰森看了这则故事之后，让斯皮尔伯格注意到了它。“你应该执导这部电影。”他记得她是这么说的，“就是你了。这是你得心应手的事情。”“她究竟是怎么知道这件事的，我直到现在也不知道。”斯皮尔伯格说道。但是把麦瑟森写的剧本读完一遍后，他就被深深迷住了。他拿着《神探科伦坡》的胶片去找制片人乔治·艾克斯坦，开始争取这部影片。

随后，他幸运地抓住了一个机会。由于某种原因，公司里有人认为《决斗》可以由格里高利·派克[1]主演。这样的话，这部新作的形势就会发生变化，而公司指派一名更加“重量级”的导演来执导该片几乎是理所当然的事情。不过更糟糕的是，影片的基调也会因此发生变化。派克是一名很有英雄气概的演员，你根本想象不出他受到严重威胁的样子，更不用说让他在这部电影的核心场景中惊慌失措了。丹尼斯·韦弗则是另一种情况：他在上映多年的电视剧《荒野大镖客》里扮演瘸腿副官切斯特，这个角色如果放到现实生活中，就是那种不起眼的普通人。你可以想象他在此情此景下被吓得魂不附体，然后想方设法与对手斗智斗勇，拼出一条生路。不管怎样，最后派克无缘该片，而韦弗得到了这个角色。

斯皮尔伯格回忆称：“在我看来，这是一个‘大坏蛋’的故事。不仅卡车司机是坏蛋，高速公路上的每一个人也都是浑蛋，还有加油站、自助洗衣店、咖啡店里的每一个人。他老婆是坏蛋，来洗衣服的女人也是坏蛋。整部电影里只有那个女服务生算是好人。对这个男人来说，这一周真是糟糕得要命，而他必须想办法挺过有生以来最糟糕的一周。这就是我对这部片子的评价，也是我试图设定的基调。”

– 上一页：1973 年这部影片上映时的日本版（左）、波兰版（右上）和法国版（右下）海报。其中波兰版海报由扬·莫洛多泽尼奇设计，上有形似鲨鱼的图案，难道是这位设计师预见到了连斯皮尔伯格自己都没想到的东西？

1　1916 年—2003 年，经典代表作有《罗马假日》《爱德华大夫》等，1963 年凭借《杀死一只知更鸟》问鼎奥斯卡影帝。

故事中的事件发生得相对缓和：韦弗扮演的角色（戴维·曼恩）过了好一会儿才意识到那辆卡车其实是在跟踪他，而卡车撞毁路边广告牌的场景可能只是个偶然事件，那是一家养蛇场的广告牌，上面是一群四散而逃、耀武扬威的毒物，这个画面的确非常吓人。然而，全片中最可怕的一幕或许还是在小餐馆——韦弗抬起头来，意识到自己的死对头一定就在那些正在等待用餐的大卡车司机之中。

“《决斗》之所以变成一个希区柯克式的故事，不是他的功劳，主要归功于麦瑟森台词寥寥的剧本非常‘希区柯克’，充满了悬念。”他补充道，“我想这是我第一次意识到，如果我既有好剧本又是个好导演，我就能拍出非常厉害的电影。这也是我第一次真正觉得，导演也得有精彩的剧本才能拍出佳作。”

尽管如此，斯皮尔伯格对这部影片的影响也不容小觑。这是一部电视电影，计划在11天内拍完，片长74分钟，“有点儿像一部剧情片。”斯皮尔伯格如是说。其实不尽然，因为它的片长比最短的剧情片还要短15分钟。尽管如此，它依然需要周详的拍摄计划，而斯皮尔伯格对此异常重视。

他没有为影片绘制故事板[1]，而是画了拍摄地莫哈维沙漠中高速公路路段的草图。他在图上用小小的字母“V”标出了他想要放置摄影机的地方（在拍摄追逐戏时，他有时会让多达五台摄像机同步工作），“所以在不到一英里（1英里=1.6千米）的高速公路上，我可以拍摄大量镜头，至少要有五个角度，然后掉转车头，更换摄像机镜头，向另一个方向行驶，既会从右向左行驶，又会从左向右。”斯皮尔伯格也得到了帮助，因为麦瑟森在纸上写下的故事“有画面感，非常精彩”。

斯皮尔伯格按时完成了这部影片，而公司收到它时欣喜若狂。它于1971年11月13日在NBC电视台播出，收视率不错，而收获的评价更高。在当时，很多新闻媒体都对这部周播电影非常感兴趣，大家都觉得这种较长的形式有望打破电视剧集的陈规套路，而这部水平一般但非常专业的小片子终于实现了人们的期望。

因为这部影片讲述的不仅仅是一场决斗——它挖掘了一种很普遍的焦虑心

1　也常被称为分镜头脚本，是根据剧本中不同场景绘制出的一幅幅单独画面，用来表示实拍时所需的镜头数。影片拍摄时，导演会根据故事板的画面分段拍摄，也就是俗称的分镜头。

– 在莫哈维沙漠深处的一条高速公路上，韦弗勇敢直面从未露脸的敌手。

理。你径自前行，脑海里想着自己的生意，犯下了一个按说情有可原的常见错误，然后突然一下子发现自己无缘无故地就要为生存而战——这种情况下，在一条连名字都没有的高速公路上，根本没人会关心你的死活。你可以认为这是一部机智巧妙、充满悬疑、简单纯粹的惊悚片，也可以感受其中关于存在主义的暗示。

这些东西在这部影片里体现得淋漓尽致，所以公司在两年后决定把该片搬上欧洲的影院大银幕——它在欧洲赢得了一些电影节的奖项，甚至还引发了一些可笑的争论：它莫非探讨了阶级斗争？蓝领卡车司机一心想要报复中产阶级的销售员？

斯皮尔伯格没有就此发表评论，但是关于这部影片的故事还没有完结。十年之后，斯皮尔伯格已经成了名气远胜当年的大导演，而另一个版本的《决斗》终于在美国一些地区进行了试映，但是并未大红大紫，不过这对他来说也没什

么关系。那时，他只是很高兴自己终于开始实现所有人对他寄予的厚望，终于可以随心所欲地拍摄第一部正式在影院上映的电影。他后来认为，《决斗》对于后来那部让他蜚声影坛、奠定一代名导地位的影片，的确产生了巨大的影响。但是，当时他做梦也不会想到《大白鲨》——那时候这部作品还在小说家彼得·本奇利的脑海里酝酿。那时，斯皮尔伯格正在全神贯注地投入下一部也是他的第一部正式在影院上映的电影《横冲直撞大逃亡》。

– 下一页：守着一大堆备选图书，斯皮尔伯格已经开始努力构思下一部电影《横冲直撞大逃亡》的剧情了。

DUEL
SMITH CORONA

90
36
TEXAS
6
TEXAS
FARM
1093
ROAD
HEMISFAIR

《横冲直撞大逃亡》

（1974年）

“对于这部影片，我实话实说，如果非得重新来一遍，我会让《横冲直撞大逃亡》变成另一种截然不同的风格。”

– 等待发令：这个男人在 13 岁时就拍出了第一部电影《最后一枪》，该片展示了如何操作一支手枪。

– 在斯皮尔伯格的第二部公路电影里，歌蒂·韩等待导演让她从一个疯疯癫癫的女人变成一位名扬乡里的巾帼英雄。

–歌蒂·韩是个令人开心的工作伙伴，她很喜欢（剧本），也喜欢我，于是就答应了。

在斯皮尔伯格看来，巴伍德和罗宾斯的剧本写得相当好。《决斗》取得成功之后，他得到了至少两部电影的正式执导机会（还有大量工作意向的洽谈），但是他依然决定将这部电影作为自己的影坛正片处女作（“我当时就像开启了‘四轮驱动模式’一样。”斯皮尔伯格说）。他把剧本拿给詹宁斯·朗过目，后者声称自己非常喜欢它，但是却告诉斯皮尔伯格，自己不会为这个项目亮绿灯，除非他能签下至少一位当红明星来扮演三个主要角色之一。这些角色是：决心把孩子从得克萨斯州的残酷寄养制度下解救出来的女人、她的丈夫，或是带领手下追捕这对夫妇的警察头子。

扎努克和布朗过去一直为环球制作史诗电影，他们与朗达成了共识——这三个人一致认为这个女人的角色最出彩，也最容易找到合适的女演员。

但是，斯皮尔伯格却更在意寻找男主角——乔恩·沃伊特[1]。他们在日落大道的“The Source”餐厅碰面，这家餐厅因为影片《安妮·霍尔》结尾处伍迪·艾伦在这里恳求黛安·基顿[2]和他一起回纽约而出了名。“他非常有绅士风度，但在午餐结束时婉言谢绝了，因为我的经验还不够，我想这就是主要原因。他从未这样说，但是我猜他对我这个新人导演不放心。”

这时候就该启动“B 计划”了——扎努克和布朗推荐斯皮尔伯格去见歌蒂·韩。那时距离她凭借《偷恋隔墙花》初次获得奥斯卡最佳女配角奖已有五年之久，而她在电视节目《大家笑》里大大咧咧的表演则更是多年以前的往事。《偷恋隔墙花》之后，她出演的影片总体来说并无惊艳佳作。斯皮尔伯格在歌蒂家里和她见了面，给她看了剧本，然后“她很喜欢它，也喜欢我，于是就答应了”。

就这样，他有了他的鲁·琴·波普林。这个女人在短期监禁中失去了对孩子的监护权，然后异想天开地要把孩子夺回来。她有着疯狂的执着精神，是整部影片的核心角色——在像堂吉诃德一样为了解救孩子不顾一切、勇往直前的过程中，一个疯疯癫癫的傻妞莫名其妙地变成了名扬乡里的巾帼英雄。斯皮尔伯格对这部电影的其他演员没有太多要求，但是对于克洛维斯——这个有点儿榆木脑袋不开窍的丈夫角色，威廉·阿瑟东面无表情（或许是隐约意识到这次冒险最后会变得一团糟）的表演多少把影片拉回到其他人都不愿承认的现实中。还有伟大

1　1938 年—，美国著名演员，曾获得戛纳、金球奖和奥斯卡三项最佳男主角的桂冠，也是好莱坞影星安吉丽娜·朱莉的父亲。

2　美国电影演员、导演和制片人，曾凭借《安妮·霍尔》获得 1977 年奥斯卡最佳女主角奖。

“不管怎样，在我看来——虽然没人会这么看——警察是英雄，而反面人物居心也不坏，只是对这些人期许太多。”

“这部影片尤其是对媒体的一种强烈谴责，是发生在车轮上的一场马戏表演般的闹剧……而且我很喜欢这样一个观点：如今，我们当中的任何人都能通过最渺小又最疯狂的举动来制造重大的新闻事件——这可以说是该片要表达的东西。”

– 上一页：歌蒂·韩、维尔莫斯·齐格蒙德（身穿连帽衫）和威廉·阿瑟东（坐在前排，身穿格子衬衫），以及拍摄过程中在幕后的其他人。

– 斯皮尔伯格和摄影师维尔莫斯·齐格蒙德在挂斗车后舱进行拍摄。

– 随着此次冒险行动不可避免地变得一团糟，波普林夫妇所过之处留下一片狼藉。

的本·约翰逊[1]，他在三年前凭借《最后一场电影》荣获奥斯卡奖，此次扮演了一个宽容、有耐心、富于同情心，但最终做了叛徒的警察。

电影里真实发生过的事件是一场汽车追逐——一开始只是小打小闹，但后来越闹越大。到了最后，半个得克萨斯州都在追踪这对夫妇和被他们绑为人质的正直警察。一路上，这群暴民的情绪发生了微妙的变化。宝宝在很有爱心的养母怀里平安无恙——比起鲁·琴·波普利和克洛维斯，这位养母显然能为他提供更稳定的成长环境。

但是，尾随的暴民们可不是这么想的。鲁·琴是宝宝的母亲——好吧，一个经历过不幸的母亲——她对他的监护权是上天赋予的，不管得克萨斯州（或

1　1918 年—1996 年，美国演员，曾获得奥斯卡最佳男配角奖。

许还有生活常识）怎么说。她成了一位平民英雄，并且自我陶醉在这个角色里。在电影结尾处，我们完全可以认为，驱使她逃亡的动力已经从爱子心切变成了在底层人民心目中的名人形象。

“不可否认，”斯皮尔伯格说道，“《倒扣的王牌》是有史以来我最喜欢的电影之一。”这是比利·怀尔德[1]1951年的作品，讲述了一个男人被困在矿井下面的故事，着重表现了随着剧情发展油然而生的狂欢气氛——“和哈尔·巴伍德、马修·罗宾斯坐在一块儿研究剧本时，如何运用、如何利用《倒扣的王牌》中那种手法的问题”一直在他脑海里盘桓。歇斯底里是《横冲直撞大逃亡》取得成功的一个重要原因，但是片中那种歇斯底里的气氛又是条理分明、层层推进的，快要到了统领全片的地步，但又从未真的变成这样。或许这和歌蒂·韩的表演有关：她在周围越来越喧闹混乱时可能会分神，但是她从未让我们忘记——至少对她来说，严肃甚至伤心的戏份也总能信手拈来。“我觉得就我拍摄的第一部电影而言，她是个很棒的女演员，非常配合，也有一大堆好点子。”

至少，这部电影的规模非常重要。在此之前，斯皮尔伯格拍摄的电视节目演员阵容都比较小，拍的各种场面也大多是“一对一”（当然，这些场面都处理得很好）；但是在这部电影中，他最终要对数百辆汽车进行调度，而他临阵不乱，颇有大将风度，以极其出色的专业手法完成了拍摄。影片里的这一壮观场面——看似随意却意图明确——也是给影评人留下深刻印象的一大因素。

例如，《纽约客》的宝琳·凯尔[2]就极尽溢美之词：“从技

1 1906年—2002年，好莱坞黄金时代最伟大的导演之一，代表作有《热情似火》《日落大道》《桃色公寓》等。

2 1919年—2001年，美国著名影评人。

术实力带来的观影乐趣来说，该片是影史上最不同凡响的电影处女作之一。”其他大多数评论也是类似论调。包括凯尔在内的一部分人也担心斯皮尔伯格可能只是另一个像霍华德·霍克斯[1]那样技巧娴熟的娱乐片高手，但是也很难说这种事情到底有没有那么糟糕。就我个人来看，无论是凯尔还是其他人都没有注意到斯皮尔伯格这部影片所隐含的主题，这一主题在他后来的电影里变得越来越明显——小孩与父母骨肉分离、需要想方设法解决这个难题。当然，这部影片里的小孩太年幼、太懵懂，不知道自己和父母失散了，也不知道他们在拼命寻找他。

非常奇怪的是，这部电影虽然在影评界得到了认可，但是在商业上却没有大获成功。这可能是因为它有一个轻描淡写的悲剧结局：克洛维斯在受到引诱去接回孩子时遭遇了枪击。我们觉得这不是他应有的命运。也可能是因为这部电影虽然本质上很温情，但是在构思上却很离奇（或者说比较奇特）。

斯皮尔伯格并不特别在意这部影片的商业命运——它已经完成了预定目标，也让他一下子跻身于一线导演的行列。后来的岁月里，他认为《横冲直撞大逃亡》给他带来的最重要的东西，是让他接触到了最重要、最持久的合作伙伴——作曲家约翰·威廉姆斯。他在改写《父子双雄》时，偶尔发现了马克·雷戴尔[2]执导的《华丽冒险》一片的配乐唱片。“我把唱片都听坏了。”斯皮尔伯格说道，“当我交出第三稿时，我心想‘我不在乎这部电影会何去何从，但是等我正式拍摄自己的电影处女作时，我都想让他来写配乐’。”他当然这么做了——从那以后，几乎每一部斯皮尔伯格的电影都由威廉姆斯配乐。毋庸置疑，这是影史上持续最久的“导演—作曲家”合作关系。

这都是后来的事情了。在当时，斯皮尔伯格已经证明自己可以游刃有余地驾驭悬疑大片，而扎努克和布朗也拿到了似乎再适合他不过的畅销小说。后来事实证明了这一点，但唯一的问题是《大白鲨》还没拍完，就给他的职业生涯带来了前所未有的巨大威胁。

---

1 1896年—1977年，美国电影导演，几乎能在所有类型的影片中游刃有余，1974年被授予奥斯卡终身成就奖。

2 1934年—，美国演员、导演、制片人，代表作有《金色池塘》等。

“《横冲直撞大逃亡》的确收获了好评，但是我宁愿不要这些好评而换取更多的观众。这部电影仅仅收回了成本，完全没赚到钱。”

– 斯皮尔伯格祈祷影片取得成功。影评人很买账，观众却不买账。

《大白鲨》

（1975 年）

“《大白鲨》对我来说简直是艰苦卓绝的‘越战’。它主要讲述了天真的人类企图对抗自然，而自然每天都将我们打败。”

“这是一部震撼心灵的影片，是一部让你精疲力竭的恐怖片。《驱魔人》令人作呕，而这部影片会让你情不自禁地环抱双臂，缩成一团。”

– 从布景板到海报再到道具，锯齿状的尖牙是这部电影中无处不在的图案。

《大白鲨》一开始并不被看好，其作者是资深作家彼得·本奇利——他也是诙谐的幽默作家兼演员罗伯特·本奇利的孙子。据说他凭借一份仅有一页纸的故事梗概，把这部作品以1000美元卖给了出版商。故事主要效仿了易卜生的戏剧《人民公敌》，后者讲述一个度假小镇试图掩盖温泉浴场受到污染的事实，因为这是镇上旅游业的支柱。这部戏里只有一个男人努力揭露这个大家不愿面对的真相，而镇上的长者们则竭力让他噤声以保持现有盈利状况。这是一部功力扎实、结构精巧的作品。本奇利进行了一番巧妙构思，把这部戏搬到了马萨诸塞州的海滨度假胜地，并且在故事里引入了惊险刺激的东西来替代被污染的温泉水——呃，比方说——一只鲨鱼。

而且不是随便哪只鲨鱼都行，它必须个头巨大，而且必须非常凶恶——一只来自深海的生物，在一段时间内并不为大众所知，只有三个人相信它的存在：萨姆·昆特（罗伯特·肖），“二战”期间印第安纳波利斯号重型巡洋舰沉没后在鲨鱼袭击中幸存的一名半疯的水手——他个人对这只鲨鱼抱有浓厚的兴趣；马特·胡珀（理查德·德莱福斯），一名喜欢冷嘲热讽的水生物学家——他与昆特相反，是个理性而严谨的人；还有马丁·布罗迪（罗伊·施奈德）——镇上的警察、一个普通人，想要找到一种可行方法来解决这个无法自生自灭的问题。

本奇利的书本身写得很不错，但是并没有特别地大肆渲染歇斯底里的气氛——直到最后随着鲨鱼袭击时间逐渐被公开、变得越来越可怕，它必须这样做。不管怎样，这本书引起了大众的共鸣。在扎努克和布朗买下版权时（以一个相对较低的价钱——17.5 万美元买下，由本奇利参与编剧），此书已经售出了差不多 550 万册，当然，电影上映后还会售出更多。传奇之处在于，斯皮尔伯格从扎努克和布朗办公室的一大堆资料中抽出一份剧本初稿的副本，周末读完，周一还了回去，然后就跃跃欲试地要拍这部电影了。斯皮尔伯格没有意识到，这个故事和《决斗》颇有相似之处——当然，鲨鱼替代了那个看不见的卡车司机。事实上，那时他已经收到了《决斗》在波兰上映所用的海报——这张海报“让卡车像鲨鱼一样长了张大嘴，看上去仿佛要一口把汽车吃掉。当然，不止我一个人注意到了这一点”。

好吧，当时除了斯皮尔伯格，还有另一位导演迪克·理查兹也很喜欢这部影片。然而几周之内，这个竞争者就退出了。《大白鲨》属于斯皮尔伯格了，不管结果是好是坏。不过拍摄过程确实够糟糕的，也颇具传奇色彩。

第一个问题，当然是在哪里拍摄。在开放水域进行拍摄永远是个令人苦恼的问题，凡是做过这件事的导演都不会再做一次。海水永远在不断变化，无论是光线、海况，还是所有环境因素的不可控。你根本没法让镜头衔接起来，除非你有时间和耐心这样做，当然，还得有资金。

公司的设想是在露天片厂搭建一个储水池，这样斯皮尔伯格就能掌控片中场景所需要的水体状况。“我说不行。”他回忆道，“我想到外面和各种因素作战。我想让人们觉得这是真实发生的事情，觉得海里真的有鲨鱼，我需要真实的海洋，我不想让电影像《老人与海》一样全都是图画背景和风景画幕……”那样简直会让每一个镜头都赤裸裸地“喊”出电影的虚假。

于是，他们出发了——两百来人的演职人员登陆马撒葡萄园岛[1]，所有人都很向往那里。起初一切进展顺利，有大量情节发生在陆地上——它们处理起来相对容易，绝不超出常规的电影拍摄范畴。斯皮尔伯格基本上放掉了备用镜头——也就是导演通常先留下不拍，等到更复杂的外景拍摄由于天气或技术问题无法完成时再拍的那些镜头。他注意到自己正在这么

–苏珊·白克琳妮饰演的克莉西·沃特金斯是鲨口中的第一名受害者。她被拖向水下（是潜水员干的，不是鲨鱼）时脸上的惊恐表情是真实反应，因为此次“攻击”是在故意没有事先告知她的情况下进行的。

1 美国东北部新英格兰地区马萨诸塞州的一个海岛。

– 在马撒葡萄园岛等待潮汐变化和清场。

“我害怕得魂都没了。不是怕被人替代——尽管大家在想方设法地炒掉我，而是怕让所有人失望。那时候我才 26 岁，虽然我觉得自己算是一员老将了，但是其他人可不会这么想。我看上去像个 17 岁的毛头小子，长了一脸青春痘，这可不利于让那些老练的工作人员对我产生信心。这是一场噩梦，下海拍戏就像在地震中工作一样。”

做，但是他并没有反常地忧心忡忡——还能出什么岔子呢？

结果，几乎一切都在出岔子——从帆船比赛开始。整个夏天马撒葡萄园岛都在进行帆船比赛，你得等到视野里没有帆船了才行——因为当七英里之外有数十艘游船在游弋时，你可拍不了让一只鲨鱼威胁一条船上的三个人，以及各种不谙水性的旱鸭子的恐怖片。此外，这些帆船离得越远，当然也就越难在镜头里消失——更何况斯皮尔伯格是以宽屏[1]形式拍摄的，所以帆船驶出镜头的速度比在常规画幅中慢得多。往往清场完毕后，一上午就这样过去了。

好不容易能拍了，水下潜流又总会把拍摄船只——包括摄影船、发电船、鲨鱼驳船的锚冲得偏离原有位置，而让它们复位动辄要耗费长达两个半小时之久。然后就到了午饭时间，此时还一个镜头都没拍。在下午，这套例行过程通常会重复进行一遍。斯皮尔伯格习惯了晚上 7 点回家，一整天工作下来可能只拍了一个拿得出手的镜头，有时候连一个都没有。

除了枯燥就是乏味。“好比一群蚊子飞了 12 英里就为了咬你一口。”斯皮尔伯格回忆道。

与此同时，公司这边的人开始注意到成本上升的问题。在外景地，关于斯皮尔伯格会被换掉的传言流传开来。因此，斯皮尔伯格能否保住工作和完成这部影片，全都寄希望于“布鲁斯”——那只鲨鱼的绰号。如果它能像“埃丝特·威廉斯”[2]那样表演，那么这部电影可能还有救，或者至少能挺过去。在拍摄的第

1　即长宽比为 16:9

2　1921 年—2013 年，美国花样游泳运动员、著名影星，代表作为《出水芙蓉》。

38 天——一个周日——布鲁斯已经为它的第一次试镜做好了准备。扎努克和布朗与斯皮尔伯格在船上一起启动了“鲨鱼”，按说它应该破水而出，而它也的确做到了。“它的出水动作非常完美，但是随后头部就像潜水艇一样往下扎，接着尾部又朝另一个方向下坠，在冒出一阵又一阵气泡之后，它就陷入了令人提心吊胆的寂静——我们眼睁睁地看着‘鲨鱼’沉到了海底。”制作人乐观地预计“鲨鱼”第二天早上就能修好，但最后传来的消息是它在之后的三四周内都不能拍摄特写镜头了。

是时候出动“B 计划”了，但是斯皮尔伯格压根就没想过“B 计划”。到了周一，他想到一个办法——“总的来说就是暗示鲨鱼的存在，又不让鲨鱼亮相——反正别让它露出全身。”可以在这儿露一下鱼鳍、在那儿露一下尾巴，其他什么地方再露一下鼻子——当然，在最终的影片里，这些画面还配上了约翰·威廉姆斯创作的鲨鱼主题精彩音乐。观众一直看不到这家伙的完整面目，直到罗伊·施奈德用诱饵引得它露出整个煞气逼人的巨大身影。“如果之前鲨鱼出现得太频繁，让人看得太真切，你们就不会觉得这么震撼了。”

事后证明这是一招好棋，但是 1974 年的夏天距离这个“马后炮”还远得很。斯皮尔伯格做得非常巧妙，而且在很大程度上依赖了上文提到过的音乐，当然还有弗娜·菲尔兹[1]的精彩

1 她凭借此片获得了 1976 年奥斯卡最佳剪辑奖。

“我没那么害怕鲨鱼，我怕的是水，还有水下一切我看不到的东西。”

- 上一页：受到惊吓的游泳者惊闻鲨鱼来袭时的反应。

- 左上：斯皮尔伯格冷静地指挥临时演员。

- 右上：甚至就地进行剪辑。

剪辑。

当然，斯皮尔伯格也有他的支持者——迪克·扎努克和大卫·布朗向公司施加威胁称，如果他被炒掉他们就退出这部电影。而西德·谢恩伯格也为了这部影片的去留问题亲临外景地——他让斯皮尔伯格坐在剧组入住酒店的台阶上，说道："你看，这是一场灾难。除了立刻停机收工，我也不知道该怎么办，我们可以接受损失，可以全员返回洛杉矶，然后从此再也不拍一部叫《大白鲨》的电影了；或者，我们可以把鲨鱼放在露天片厂供游客参观，这样还能赚回点儿钱。"

但是，他接着说道："我会让你来打这个电话，你可以马上撒手不干，但没人会接替你，你也不会被解雇。我只会取消掉整个项目，因为它或许不可能做出来，这部电影或许实在太难拍了。或者，你可以坚持把它拍下去，而我会百分之百地支持你。”

斯皮尔伯格毫不犹豫地表示他要继续拍摄，而这不是单纯地在逞能。我认为，他作为电影人的本能告诉他：正确的出路已经被他找到了。不但要让这只怪物大部分时间都隐蔽在暗处，同样重要的是在它最后现身时，让它的露面镜头尽量简短。

“我觉得，那只关键时刻掉链子的鲨鱼可能让票房增加了 1.75 亿美元。因为这部电影的恐怖之处恰恰在于看不到的东西，而不是我们看到的东西。”

在 1974 年的初秋，摄制组终于离开了马撒葡萄园岛，但是还有后续工作要做。影片有待进一步加工完善，不过是在太平洋沿岸而不是在大西洋。而弗娜·菲尔兹也要继续发挥她的剪辑神功，她可以，用斯皮尔伯格的话说：“像做外科手术一样剪下一帧鲨鱼头部的画面，再剪下一帧鲨鱼尾巴的画面，而这两帧画面中的鲨鱼看上去有天壤之别——一个是 26 英尺（1 英尺约 0.3 米）长的掠食者，一个是 26 英尺长的废物。”

但是，《大白鲨》最终大功告成时超期了一百多天，而且严重超支。此后，

– 左下：难得一见的宁静时刻。

– 右下：在试验中把“布鲁斯”当成气垫船。

奇迹就一个接一个地出现了，它终于引起了关注。这个故事之所以让所有人心悦诚服，可能是因为它很扎实。“这是一个非常好的故事，有着非常完美的结构。”他现在这样说道，而这种纯粹的内在魅力，在这部影片于1975年初夏上映时也引发了新闻媒体的热烈反响。如果说鲨鱼是一台完美的掠食机器，那么《大白鲨》将会变身为一台完美的生财机器。

帮助它成为生财机器的，是在当时不循常规的营销手段。从年代遥远的早期电影（一些恐怖电影除外）开始，电影放映一直遵循一种经久不衰的模式：先在主要市场的市中心影院举行首映，然后再慢慢扩散到比较偏远的地区，进行第二轮放映。对于在全国可能只有50份副本的电影来说，这是很常见的做法。但是《大白鲨》不一样，它有令人瞠目的400多份副本，在完成后的第一个周末就全面上映了。现在，这已经成了业内普遍推行的惯例——如今的大多数大片在上映后的首个周末都会发出2000（或更多）份副本，它们的命运在周日的晚上就基本有了定论。《大白鲨》正是这样大获成功的，在短时间内就成了有史以来最卖座的电影，仅在美国国内就进账2.6亿美元。

– 刚好被“鲨口”框住的主演：罗伯特·肖、罗伊·施奈德和理查德·德莱福斯。

– 理查德·德莱福斯、罗伊·施奈德和罗伯特·肖竭尽全力想让“虎鲸号”免于沉没，但是大白鲨取得了胜利。

这个纪录很快就会被超越——就在两年后，他的好友乔治·卢卡斯[1]执导的《星球大战》创造了新纪录，再后来又有很多影片不断地刷新了影史的票房纪录。但是，斯皮尔伯格对这部电影的态度很矛盾：“我的一切都归功于《大白鲨》，我万分感激观众对这部电影的喜爱，感激这部电影终于一鸣惊人。它基本上给

1 电影导演、编剧、制片人，代表作有《星球大战》系列和《夺宝奇兵》系列。

- 观众们为了观看《大白鲨》而排起长队，一直排到街区转角（这张照片摄于纽约市瑞沃丽电影院门前）。但是即便有帮手，为拍摄这部电影付出的艰辛努力也让斯皮尔伯格濒临崩溃。

了我以前梦想过的一切——成为电影导演、有了最终剪辑权——你知道能够自己说了算。它给了我自由，而我从未失去过我的自由。”

但是从某种意义上讲，这部影片也让他心有余悸，虽没那么严重，但确实很难忘。“拍摄《大白鲨》的经历对我来说很可怕。”在那之前，他作为一个年轻导演的履历相当中规中矩，成功和挫折都来得不咸不淡，但基本上是在稳步成长、日趋成熟。不过这一次可不一样，困难之大、不曾预料到的问题、所有人都把目光投向自己的感觉，几乎让他不堪重负。许多导演——或许是大多数导演——在几十年的职业生涯中都从未经受过这样的压力。这部电影给他带来的重重压力，并没有让他变得畏首畏尾，但在某种意义上让他更加仔细周密了。在没有考虑周全的情况下，他不会再轻易地拍电影。

多年之后，在 1998 年，美国电影学会评出了 100 部最伟大的美国电影，而斯皮尔伯格发现自己有五部影片上榜。他致电学会，询问能否把《大白鲨》从榜上除名。他没把这项请求当成什么大事，他只是觉得还有其他更配得上这个榜单的电影应该得到认可，而且就算《大白鲨》没上榜，他的上榜作品也已经够多了。这项请求被拒绝了，而斯皮尔伯格对此不以为意。他苦笑着自嘲道："你可能注意到了，自从《大白鲨》以后我拍的水上影片可不怎么多。"

"我的下一部影片会在陆地上拍摄，甚至连浴室的场景也不会出现。"

《第三类接触》

（1977 年）

“如果你相信，它就是科学事实；

如果你不相信，它就是科幻故事。

我是一个介于这两种观念之间的不可知论者，所以对我来说它是科学推测。”

COLUMBIA PICTURES

- 上一页：在《第三类接触》片场，这部影片的风格非常友善。

- 理查德·德莱福斯准备拍摄。

“理查德·德莱福斯出演了我的三部电影，从某种意义上讲他就是另一个我——唯一让我觉得有点像我自己的演员。”原因在于顽强的意志和远大的抱负——斯皮尔伯格认为德莱福斯身上绝不缺少这样的品质。“他喜欢刨根问底，精力十分充沛，他说话和走路都很快，他也没有 6 英尺 4 英寸[1]那么高——这是我一直梦寐以求但永远达不到的身高，而且他很可爱。”他也不是特别怕水，跟斯皮尔伯格不一样，这在拍摄《大白鲨》时显然是个派得上用场的优点。“而且为他打造

1 约合 1.93 米。

剧本很容易，我可以轻而易举地站在他的角度，心想‘如果我是他我就会这么做，但是我会让他去做，这样我就不用做了’。”

总而言之，他在《第三类接触》里完美演绎了罗伊·尼尔瑞。罗伊是个很平凡的人，被一份很平凡的工作所困，干得不太开心——他下意识地想要寻求不平凡的经历，但对于这种经历究竟会是什么样又根本没谱。说得不客气一点，他是一个非常孩子气的人——当然，他找到了政府在怀俄明州建造的大型秘密工程“魔鬼塔”，而它正在将一种音乐信号——约翰·威廉姆斯谱写的最振奋人心的旋律之一发向太空。信号的用途，是告诉外星人：如果他们降临地球并接触地球人，他们将会受到热烈欢迎。“我想到了通过音乐做这件事，而不是在电影字幕上打出‘带我去见你们的头儿’，因为这样就有了一丝需要你去发现的神秘感——在天外来客和地球人中间，上演了一出由五个音符谱写的大型歌剧。”

这是个非常简单的故事，尽管一个孩子的出现——以一种愉快的方式——让它变得有些复杂。这个孩子被自己天真无邪的好奇心驱使——那种坚定不移的动力，就像罗伊被更复杂的了解真相的欲望驱使一样。此外，一种恰到好处的幽默感也让影片变得生动有趣；罗伊不断得到神秘线索，表明他正在追踪某

– 接受另一个自己的指导。

种真实而重要的东西。（谁能忘记他用土豆泥堆出魔鬼塔的桥段？）

罗伊最后如愿以偿地见到了外星人的巨大飞船（项目负责人弗朗索瓦·特吕弗也见到了，不过他自己有交流障碍，因为他不会说英语），并且最终决定登船——这或许是意料之中的必然结局，但在这部电影的情境中却没有不幸的意味。

斯皮尔伯格在孩提时代有轻微的阅读障碍，因此书读得并不多。但是也有一个例外：科幻故事。他的父亲是《惊奇故事》（Amazing Stories）等科幻杂志的忠实读者——有其父必有其子，他很快就像父亲一样爱上了这些杂志。在电影上也是如此，比起西部片和战争片，更让他感兴趣的是科幻片——这是再好理解不过的事情，因为20世纪50年代是科幻片的第一个繁荣期。

在科幻片领域，他养成了独特的品位。例如，他更喜欢那些让外太空入侵者降临地球的影片，而不喜欢让地球人冒险前往星际空间——他的所有这类电影都有这个特点。而且，这些天外来客相对比较友善（当然《世界大战》是个例外）。他的父亲制作过一个简易望远镜，用来和史蒂文一起观察天上的星星，而斯皮尔伯格在通过望远镜凝望星空时，根本无法想象，宇宙中的那些神奇星

– 斯皮尔伯格在和作曲家约翰·威廉姆斯——他的长期合作伙伴交谈。《第三类接触》的不寻常之处在于，先由威廉姆斯谱曲，然后再根据配乐对电影进行剪辑，而不是先剪辑再配乐。

– 魔鬼塔在理查德·德莱福斯、弗朗索瓦·特吕弗、特瑞·加尔身后若隐若现。

- 怀俄明州这座标志性的山峰出镜次数几乎和主演一样多。

TRADING POST

球会袭击我们。“对我来说，这是一次发现之旅。我没有感到焦虑不安，也没有感到天上存在威胁。我总会抬头望着天空，而看到的只有各种各样的奇迹。所以我无法想象如果有一天我涉足科幻领域，拍出的第一部电影会是侵略性的。”

他的个人品位也受到了其他因素的影响，比如他注意到了在很多科幻故事里，孩子们更善于接受与“第三类”生物的接触。在他们的父母东奔西跑打电话找联邦调查局（FBI）时，这些孩子却抱着坦率而好奇的态度去接近外星人。在他的很多部电影里都是如此——他们非常渴望与不期而遇的来访者展开交流、进行对话，不管它们是什么。

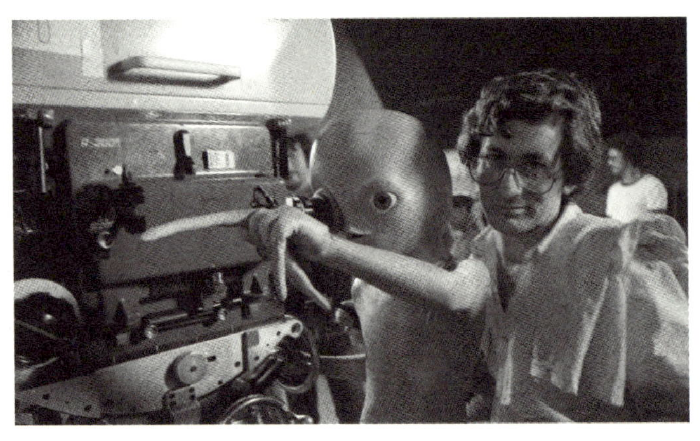

- 上图：导演作为电影拍摄现场的中心人物，坐在巨大的飞艇机库里。

- 下图：在摄像机后接受“外星人”的帮助。

他把电影的意图变成了探讨某种类似宇宙问题的东西。1974 年斯皮尔伯格编写《第三类接触》时，他多少认为，“冷战期间俄罗斯人不和美国人交谈，水门事件让尼克松面临被弹劾，这些事情似乎都在沟通上存在巨大的鸿沟。《第三类接触》是我首次尝试发出一种信息：如果我们能和外星人交流，那为什么我们彼此之间不能交流呢？对我来说，这是我编剧和执导过的最充满希望的电影之一”。

这也是他最巧妙的电影之一。举一个例子：影片临近尾声时，外星母舰放下来一些乘客，他们中包括所有从地球上失踪的名人（阿梅利亚·埃尔哈特[1]、克雷特法官[2]等）。他们都还是失踪时的年纪，而且看上去都非常快乐——这是另一个无比真实的信息（如果有必要的话）：外星人骨子里并不坏——它不是第一部传达这种信息的科幻电影，但的确相当罕见。

正如斯皮尔伯格所说：“这部影片的信息是如果你渴望更好地了解自己，你就会遵从上帝赋予你的本能、追踪一切蛛丝马迹，前往对方将会出现的地方，然后有机会与我们提供给你的任何事物相交融。真的非常简单，就像这个故事一样。”

而且这部影片虽然有很多令人印象深刻的片段，但是拍摄过程却相对容易。斯皮尔伯格与茱莉亚和迈克尔·菲利普斯[3]一起工作——他俩凭借《骗中骗》（The Sting）一片获得了巨大成功。这部影片在哥伦比亚电影公司上马，而哥伦比亚当时正处于水深火热的财务危机中，但是他声称自己没有受到其他人的干涉——只是有些焦虑，不过没有超出可控范围。如今，斯皮尔伯格怀疑自己到底还会不会让德莱福斯选择与外星人一起驶向太空。“我写这个故事的时候只有二十几岁，而现在我已经是 7 个孩子的父亲——我想我不会让理查德·德莱福斯饰演的角色真的登上母舰，不会让他由于痴迷外星人而抛弃家庭，离开地球。”

另一方面，在当时“这完全就是我会做出的选择——让我登上母舰。我想和这些朋友一起探险”。

乔治·卢卡斯一定同意斯皮尔伯格的看法。由于有太多可变因素需要满足，

1 美国女飞行员和女权运动者，1937 年 7 月 2 日在进行环球飞行的途中神秘失踪。

2 1930 年神秘失踪的美国纽约州最高法院法官。

3 美国著名“夫妻档”电影制片人，代表作包括《骗中骗》《出租车司机》和《第三类接触》等。

“《大白鲨》就像一部我在玩具木琴上玩出来的电影，但是《第三类接触》让我伸展得更远——它需要 88 个琴键[1]。”

– 在印度外景地。

1 被誉为“乐器之王”的钢琴有 88 个琴键。

与外星飞船相遇的戏份不是在室外拍摄的，而是在两个废弃的“二战”时的飞艇机库——它比两个足球场加起来还要大，而且比好莱坞任何一座摄影棚都要大很多倍。卢卡斯当时已经完成了《星球大战》的主要拍摄工作，但是对于自己打造出来的东西满腹疑虑（他总是说，他直到约翰·威廉姆斯的配乐加到这部影片里，才开始真正欣赏自己的成就）。他顺路造访过这里一次，并且留下了非常深刻的印象——他觉得自己的影片里没有任何东西能与这艘巨型飞船相媲美。当然，斯皮尔伯格表示反对，他认为卢卡斯的影片将会取得巨大的成功，不信走着瞧。

卢卡斯确实在某个时候对斯皮尔伯格说：你不要光说大话，得拿出实际行动才行——咱们用彼此的电影做个交换吧——具体一点，是2.5个百分点的分成。他们的律师完成了这笔交易，而最后显然谁也没吃亏。《第三类接触》相当成功，但是《星球大战》的成功无疑是巨大的（两年后，它取代《大白鲨》成为史上最卖座的电影）。斯皮尔伯格带着一种有点哭笑不得的满足感提到，直到今天，他还能收到这部电影的分成支票。

> “我真的相信，《第三类接触》可能是最接近我梦想的一部电影。”

– 上图：外星母舰即将着陆。

– 下一页左上：“我们并不孤独。”特吕弗饰演的法国科学家拉孔布用“柯温手势”开启交流[1]。

– 下一页右上：“你属于这里，不属于我。”最后场景中的小外星人由亚拉巴马州墨比尔市当地的一群小女孩扮演。

1 “柯温手势”由英国人约翰·斯宾塞·柯温在19世纪发明，以8个手势形象地表示一个八度音程中的首调唱名，即“Do、Re、Mi、Fa、Sol、La、Si和Do”，现在经常被用来帮助儿童理解音高的关系。

HIROHITO....
WE'LL GET YOU AND
SCHICKELGRUBER
TOO

《1941年》

（1979年）

“银幕上发生的一切完全失控，但是摄制过程尽在掌控之中。我并非一点儿也不喜欢这部电影，也并不为它感到难堪，我只是觉得它不够有趣。”

–上一页：（从左到右）丹·阿克罗伊德、米基·洛克、约翰·坎迪、特力特·威廉姆斯、沃尔特·奥尔凯维兹做出了他们的判断，其中有一个人是对的。

–下一页：昂贵的布景、狂热的节奏和“狂轰滥炸”的混乱场面——《1941年》具备了一部卖座喜剧大片所必备的一切要素，除了喜剧性之外。

影片开场戏模仿了《大白鲨》里著名的一幕：一个漂亮女孩（苏珊·白克琳妮）一边沿着海滩奔跑，一边脱去身上披的浴袍，然后一头扎进水里——但是她最后没有被鲨鱼袭击，而是赤身裸体地紧紧攀住了一艘正在上浮的日本潜艇上的潜望镜。这一幕无论从布局、灯光还是震撼力来说，都模仿得很完美，甚至还用了同一个女演员。在达拉斯[1]试映时，观众笑得前仰后合。“800个人笑起来没完没了。”站在最后面的史蒂文·斯皮尔伯格心想，“天啊！我的喜剧成功了！”

1 美国得克萨斯州东北部的城市。

Soon the screen will be bombarded by the
most explosive barrage of 痛快 ever filmed.
UNIVERSAL PICTURES and COLUMBIA PICTURES Present
An A-Team Production of
A STEVEN SPIELBERG FILM
1941
DAN AYKROYD NED BEATTY JOHN BELUSHI LORRAINE GARY MURRAY HAMILTON
CHRISTOPHER LEE TIM MATHESON TOSHIRO MIFUNE WARREN OATES ROBERT STACK TREAT WILLIAMS
NANCY ALLEN · EDDIE DEEZEN · BOBBY DiCICCO · DIANNE KAY · SLIM PICKENS · WENDIE JO SPERBER · LIONEL STANDER
Director of Photography WILLIAM A. FRAKER A.S.C. Screenplay by ROBERT ZEMECKIS & BOB GALE
Story by ROBERT ZEMECKIS & BOB GALE and JOHN MILIUS Music by JOHN WILLIAMS
Produced by BUZZ FEITSHANS Executive Producer JOHN MILIUS
Directed by STEVEN SPIELBERG
Read the Ballantine Book

BALLROOM

哥们儿，别得意得太早！“那一幕结束后，电影才真正开始，而接下来的两小时内只有大约四次笑声。”《1941 年》让斯皮尔伯格遭受了他一生中最惨痛的评论打击，直到现在他有时依然想不通问题到底出在哪儿——尽管以更加长远的眼光来看，他觉得这是发生在他身上最好的事情之一。

– 上一页：“都是因为我炸掉了太多的东西。”

– 左图：与罗伯特·斯塔克（左）和三船敏郎一起立正行礼。

– 右图：谁来向这个吹笛人付钱？很多年以后，这部影片终于收回了成本。

剧本由罗伯特·泽米吉斯和鲍勃·盖尔编写，还有约翰·米利厄斯[1]帮忙提供灵感——他也是这部影片的监制。电影松散地改编自一起真实事件：珍珠港事件余波未平之际，一艘日本潜水艇在圣塔芭芭拉[2]附近浮出水面，向那里的一处炼油厂投掷了几枚炮弹，让南加州陷入一片恐慌。影片根据这起事件进行了推演，让一名飞行员（事件中的虚构人物，由约翰·贝鲁西扮演）前往好莱坞，目的是炸掉他心目中的美国精神之都。他这场运气不佳的大冒险没有造成任何后果，除了彻头彻尾的疯狂；而对他下一步行动做出反应的那些美国人，不是疯就是傻，要么就是又疯又傻。

斯皮尔伯格认为这个剧本非常精彩，几乎是他读过的最有趣的剧本，然后他就兴致勃勃地着手把它拍出来了。他也遭遇了不少挫折，比如他邀请在琼·克劳馥的追悼会上认识的约翰·韦恩[3]出演约瑟夫·史迪威将军——电影里唯一的历史人物。韦恩立刻回电，力劝他别拍这部影片，理由是这个“非美国式”的剧本太荒唐，还有斯皮尔伯格可以拍“更好的电影”——这绝对千真万确（这个角色后来由罗伯特·斯塔克饰演，表现出了恰到好处的茫然不解）。

这部影片的真正问题可能始于被斯皮尔伯格用错了地方的热情，这其中还带有几分自大。在此之前他一直顺风顺水、无往不利，如今他可以追求不可能实现的极致完美——没人敢提出质疑，更别说否定了。“我必须让每个角度都尽善尽美，必须等待合适的光线，必须等到约翰·贝鲁西和丹·阿克罗伊德情绪到位，虽然他们一直都在状态。”

这种精神蔓延到了摄制过程的方方面面。“我一心想把一切都做好，但是在这个问题上的确变得太做作、太任性。一个本来两遍就能完成的插入镜头，我却拍了20遍。我亲自督导每一个微缩模型的制作，我本应找个专做微缩模型的摄制组来拍摄摩天轮沿码头一路翻滚的镜头，但是我却动用了拿第一等薪酬的第一梯队剧组成员来拍这个镜头。”

1　美国电影编剧、导演和制片人。

2　美国加利福尼亚南部太平洋沿岸城市。

3　1907年—1979年，好莱坞黄金时代的传奇巨星之一，是“美国十大文化偶像”之一，以出演西部片和战争片中的硬汉而闻名，代表作有《关山飞渡》《大地惊雷》等。

他说，他并没有“行为不当”——“我没有。我闹过脾气，爆发过小小的愤怒。”但是它们也没什么大不了的。只是，所有这些小题大做的行为都付出了高昂的代价。最终这部影片的拍摄时间比《大白鲨》还长，且主要是在摄影棚拍摄，而不是在外景地。

影片拍摄得有些过了，而且太吵闹。“我认为，葬送这部喜剧的凶手，是过多的破坏性场面和过于强烈的声响。我常常把《1941 年》形容为把头伸进一台弹球机里，同时有人用锤子一下又一下不停地猛敲。”在达拉斯试映时，很多观众一直用手捂住耳朵，因为喇叭里放出来的各种声响让他们感到很难受。“不是配音音量太大的问题，而是因为我炸掉了太多的东西。”

事实的确如此，但不得不说的是当电影制作人对一部影片缺乏自信时，就会有一种倾向——有意识或无意识地提高音量，从而逼着观众发笑。然而，这并不是个小问题。成功的喜剧电影往往在制作上比较寒酸，查尔斯·斯宾塞·卓别林有句名言说得好——只要有一座公园、一个女孩、一名警察，再老生常谈地加上一个有点糊里糊涂的男孩，他就能拍出一部滑稽的影片。从马克斯兄弟[1]到伍迪·艾伦，这条金科玉律适用于所有人。当强大的演员阵容、来自外部的野心或是天理难容的各种机械硬生生地挤进电影里，笑声迟早会消失——这部影片就是这样。

在 1979 年初夏——距离这部影片上映还有六七个月的时候，斯皮尔伯格参加了宝琳·凯尔主持的电台节目。在休息间隙，她对斯皮尔伯格提到了《1941 年》——据他回忆，她说的是：“好吧，我们都对那部影片拭目以待呢。这次可不会像你早先的作品一样那么容易幸免了——我们坐等看你失败的好戏。”

这是凯尔的一贯作风——她很喜欢给人带来一丝心惊肉跳的恐惧感，即便是对那些被她视为朋友的人，而斯皮尔伯格就这样被她灭了威风。不仅影评人不喜欢这部电影，观众也很不喜欢它。如今，斯皮尔伯格认为这是有益的一课，但是他设法帮这部影片挽回一些颜面也是迫不得已的事情。奇怪的是，在一些国外市场，例如法国、德国、日本，影评界和观众的反响居然挺不错，在他们

1　和卓别林同时代的美国喜剧演员，由五个亲兄弟组成，擅长塑造疯疯癫癫或装傻充愣的人物，堪称“无厘头”的鼻祖。

– 与霸王龙近距离地接触——影评界对斯皮尔伯格第五部剧情片的反响就像这头远古巨兽一样凶残。

看来，这位地道的美国电影人做出了一部反美影片——这和他的意图相去甚远。说真的，他只是试图以一种荒唐的风格拍一部搞笑的电影——说得委婉些，这可不是他的强项。他后来再也没有尝试过这种风格。

斯皮尔伯格的确注意到，这部影片在很多年之后终于收回了成本——这样的结果即便不能大慰人心，也多少能给他带来些许慰藉。摄制过程中发生的最重要的事情，可能就是他认识了当时为约翰·米利厄斯担任助手的凯瑟琳·肯尼迪，两人建立了密切联系，她很快变成他的线上制片人[1]和他最信任的红颜知己——如今她依然享有这个地位。

1 电影摄制团队里的重要成员，通常负责控制电影的成本预算和拍摄进度，需要常驻片场监督每日的运作情况。

《夺宝奇兵：法柜奇兵》

（1981年）

“乔治扔给我这个故事，而我在沙滩上接下了它。我们开创了造幸运沙堡的传统，我们在夏威夷造过沙堡——如果沙堡在第一次涨潮过后依然矗立不倒，影片就能卖座；如果潮水冲毁了沙堡，我就必须努力把钱赚回来。”

– 下一页：在夏威夷参加原住民的部落聚会。

– 尽管当时已经身为创造了亿万票房奇迹的知名导演，斯皮尔伯格依然对他在少年时代为《火光》搭建的那种微缩模型轻车熟路。

1977 年 5 月，斯皮尔伯格在夏威夷握住了乔治·卢卡斯的手。“卢卡斯的妻子、天才剪辑师玛西娅握住了他的右手，我握住他的左手，我们就这样等待电话铃声响起。”来电将会报出《星球大战》上映的票房总收入——其实这真没什么好担心的，这部电影在提前放映时就引起了轰动。它作为一部成本不算离谱的科幻史诗电影（一个更恰当的叫法）横空出世，并且轻巧而智慧地触及了一些人类共通的主题——约瑟夫·坎贝尔和其他人在《千面英雄》等作品中曾经对这些主题进行过勾勒。

除了接连不断的动作场面和机智俏皮的对话，这部影片讲述了“天行者”卢克的成长，以及——可能更重要的是——他寻找投靠“黑暗面”的失踪父亲的历程。简而言之，它具有某种在科幻片中并不常见的浅显深度，不过这丝毫没有影响到影片十足的趣味性。

斯皮尔伯格觉得他的好友根本无须担心，尽管他和其他人都没有预料到《星球大战》即将成为一鸣惊人的奇迹。“乔治在电影上映前一晚话并不多。”他说道。然后电话终于打来了——上午10点半在全国放映的所有场次电影票统统一售而空，海岛度假村的气氛从忧心忡忡变成了兴高采烈。“欣喜之余，他（乔治）也马上开始为未来做打算了。”——这其中包括斯皮尔伯格的未来，而斯皮尔伯格对于自己的未来也一反常态地不大确定。他之前接触过绰号叫“卡比”（Cubby）的艾伯特·R. 布洛克利[1]，艾伯特是大名鼎鼎的“詹姆斯·邦德”系列影片的掌门人。斯皮尔伯格有意执导这一系列影片中的一部，但被断然拒绝，不过他还想再试一试。

说实话，他的这种想法让人很难理解。邦德影片从本质上讲是很呆板的——全是动作戏而毫无实质内容、大量壮观的场面和花样翻新的动作镜头、一些反复出现的讥诮对白，让它不过像个由机器制造出来的捞钱项目。或许这是因为斯皮尔伯格当时还很年轻（他在1977年刚满30岁），还无法完全认清自己最大的优势在哪里。

但是，乔治·卢卡斯心里清楚得很。在夏威夷期间，他后来对斯皮尔伯格说：“我有比詹姆斯·邦德更好的东西，叫作《夺宝奇兵》。”事实上他当时还没有，至少没有完整意义上的故事。他想好了一个核心角色——印第安纳·琼斯；他也想好了这个角色的形象——软呢帽、皮夹克，或许还有那根皮鞭；他还构思出了一项寻宝任务：热衷冒险的考古学家设法找回“失落的法柜”[2]。

“对于法柜我本应了解得更多，因为我是犹太人而乔治不是。但是乔治了解很多关于它失踪年代的历史知识，以及和它相关的神话故事。”除此之外，他们一无所有，其他的一切都还没有眉目。

1 1909年—1996年，美国电影制片人、Eon制片公司联合创始人，最著名的作品是始于1962年的“詹姆斯·邦德”系列影片，他的子女在他去世后仍牢牢把持着“邦德产业”的经营权。

2 “法柜”又叫约柜，是《圣经》中记载的一大谜团，据说里面装有上帝亲手书写的“十诫”，被以色列人奉为圣物。

回过头来看，我们可以发现这部影片本质上就是把《星球大战》的路子放在一个截然不同的时空里再来演绎一遍，情节显然也大不相同。里面有接连不断的动作戏、俏皮话，还有深层次的宏大主题，但远没有像前作那么浓烈的神话色彩。当然，还有哈里森·福特[1]的再度出演——牢骚满腹、冷漠疏离、偶尔滑稽可笑，几乎是个（但又不完全是）破坏分子或反英雄。

这部影片迟迟未能成形，直到斯皮尔伯格发现了其实几乎就在他眼皮底下的编剧劳伦斯·卡斯丹——他正是斯皮尔伯格为环球监制的《天南地北一线牵》（Continental Divide）一片的编剧。斯皮尔伯格把卡斯丹介绍给卢卡斯，然后他们三人在位于硅谷的一栋小屋里待了三天。在那里，他们基本勾勒出了整部影片的剧情梗概，以便卡斯丹离开之后能把剧本写出来，而他也的确在《1941 年》拍摄期间写出了这个剧本。事实上，斯皮尔伯格在拍摄《夺宝奇兵》的第一天就收到了《1941 年》的第一篇影评——当时他身在法国拉罗舍尔[2]一处至今依然可供拍摄的纳粹潜艇码头旧址，而这篇来自宝琳·凯尔的好评也是斯皮尔伯格自称从美国影评人那里收获的唯一认可。

当然，《1941 年》是他的第一部，但绝不是最后一部涉及"第二次世界大战"的电影，而且像《夺宝奇兵》一样绝不是严肃地探讨他从小就听父亲说起的话题。老斯皮尔伯格曾经在缅甸担任 B-25 轰炸机无线电操作员，并且在那里愉快地度过了"一场很好的战争"。他的故事迷住了年轻的史蒂文，而他早就拍摄过一些关于这场战争的 8 毫米业余影片。不过说来也怪，斯皮尔伯格执导"二战"题材大片中只有《1941 年》和后来的杰作《太阳帝国》（Empire of the Sun）触及了对日战争[3]，却都和他父亲参与的战争无关。

但是，《1941 年》给他上了代价高昂的一课，而乔治·卢卡斯也强调了这一点。"'喏，你可以为哥伦比亚和环球超期拍摄，但你是我的朋友。你可不能拿着我负责的钱来超期拍摄。'他要说的就是这么多。"

1　1942 年—，美国男演员，代表作有《星球大战》《夺宝奇兵》和《目击者》等。

2　法国港口城市。

3　斯皮尔伯格还作为制片人参与了《硫磺岛来信》和《父辈的旗帜》两部表现对日战争的"二战"题材大片。

– 和乔治·卢卡斯在突尼斯外景地想方设法地遮阳避暑。

– 玛丽昂：“你已经不是我十年前认识的那个人了。”印第安纳：“变化的不是时光，宝贝，是里程。”和哈里森·福特近距离交流，而凯伦·艾伦想要插话。

卢卡斯的这番话切中了要害。“我诚惶诚恐，”斯皮尔伯格说道，“每一个镜头都绘制了故事板，最后比预定期限提前了差不多14天。他没有守在片场，也没有监视我工作。他在加州北部有他的生活，我也有我的生活。有时他会过来看看，但不会经常在片场出没，因为他并不是我的现场制作人。我想《夺宝奇兵》

“我想让观众既知道好人在哪一方、坏人在哪一方，又知道他们在银幕上位于哪一边；我还想让观众在我不愿剪掉的镜头中尽快看到他们想要的东西——这就是我在四部《夺宝奇兵》影片中的一贯风格。”

或许是我执导过的准备最充分的电影，而且它成功了。”

客观地说，《夺宝奇兵》是一部完美的冒险类电影，片中一系列节奏紧凑的事件令人目不暇接，根本顾不上细想其合理性。卢卡斯已经在《星球大战》中证明了他对 20 世纪三四十年代电视连续剧的热爱（《海军的唐·温斯洛》和《飞侠哥顿》对那部电影别有一番影响），而斯皮尔伯格对那些作品的通俗套路多少也比较懂行。他们的电

– 戴着标志性的软呢帽，怨声怨气地嘀咕着俏皮话，总能敏锐地嗅出危险的气息——印第安纳· 琼斯终将成为大银幕上最受观众喜爱的动作英雄之一。

درويش
LEATHER

– 策马扬鞭——哈里森·福特在饰演印第安纳·琼斯这一角色时需要用到多种技能，其中包括马术和长鞭的使用。

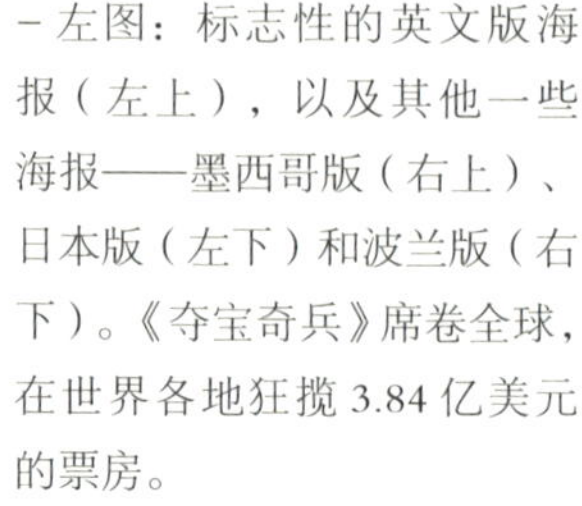
- 左图：标志性的英文版海报（左上），以及其他一些海报——墨西哥版（右上）、日本版（左下）和波兰版（右下）。《夺宝奇兵》席卷全球，在世界各地狂揽 3.84 亿美元的票房。

- 下一页：蛇，除了蛇还是蛇——“整个地方根本就是蛇满为患！”

影对此进行了讽刺但绝非全盘否定，与之保持了一段戏谑的距离——服装、对话、一次次陷入绝境又逃出生天、一个大大咧咧的女人（凯伦·艾伦，对自己身处的无尽危险毫不畏惧）。这样的套路，再加上影片拍摄过程中的纪律、财务以及其他方面，让本片成了斯皮尔伯格拍得最欢乐的电影之一。说实话，他从未有过不愉快的拍摄经历。

让他担忧的可能只有一件事情：影片开场带有前传的性质，和后续故事毫无关联——印第安纳从一处地下洞穴死里逃生，洞穴里充斥着令人作呕的蛇和虫子，还有一块巨大的圆石紧追着他的脚后跟滚来滚去——这是一连串惊心动魄的镜头。当他在电影节上展示这部影片时，他的几个导演朋友担心影片无法超越一开场就扑面而来的那种惊险刺激。事实上他也在心中暗自嘀咕：“天啊，

“我们用了 7000 条活生生的蛇。一开始我们用了 3000 条，但是看起来不够多，然后我们用了 5000 条由连线控制的橡胶蛇，但是由于控制器不多而蛇却多了不少，他们不得不在每一根连线上挂起 100 条蛇，于是效果就像观看朱恩·泰勒舞蹈团[1]的集体舞一样——成千上万条蛇齐刷刷地同时动起来，这样可行不通。”

影片的其余部分要被比下去了。”

当然，这种情况并未出现。影片收获的反响棒极了，而且一举成为当年的票房冠军。于是，就理所当然地有了续集，这些续集基本上延续了第一集的标准。

---

1 由美国编舞大师朱恩·泰勒在 20 世纪 40 年代创建，主要活跃在电视荧屏上，一大标志性特色是从正上方用摄像机俯拍舞者做出万花筒般变幻多彩的几何图案。

《E.T. 外星人》

（1982 年）

“开始拍摄《E.T. 外星人》的时候，我很胖，很快乐，对自己拍摄清单上的影片心满意足。我也不觉得自己还会失去什么。我无须向任何人证明任何事情，除了我自己。”

– 上一页：《E.T. 外星人》和导演的不解之缘。

–《E.T. 外星人》最大的优势之一在于童星的表演，尤其是亨利·托马斯饰演的艾略特，其身上有斯皮尔伯格自己的影子。

斯皮尔伯格认为，《E.T. 外星人》的根本创意可能源自他的童年。那时候他是个“感到有些迷茫和孤立无助的小小孩，而且永远都是生活在一群非犹太人中间的这样一个犹太小孩”。这种孤立感在他 16 岁那年父母离异后变得愈发强烈。虽然他已经比较成熟，但是这样的变故依然让他很难熬，“迷茫和孤独”感又一次涌上他的心头。不管怎样，这就是 1980 年夏天他在突尼斯外景地拍摄《夺宝奇兵：法柜奇兵》时和梅丽莎·马西森讨论的创意来源——后者当时是哈里森·福特的女友。而对斯皮尔伯格来说更重要的是，她还是他非常欣赏的影片《黑神驹》（The Black Stallion）

– 上图：眼神交流：E.T. 外星人的眼睛以爱因斯坦为原型，看上去既古怪又可爱。

– 下图：德鲁·巴里摩尔[1]（饰演艾略特的妹妹格蒂）接受她现实生活中教父的指导。大约在 27 年后，她导演了自己第一部剧情片《滑轮女孩》（Whip It）。

1　1975 年—，好莱坞演员、导演、制片人。

– 格蒂（上）和艾略特（下）与E.T.告别。

的联合编剧。

起初她有点迷惑不解，因为据说她还沉浸在《夺宝奇兵》的“丛林噩梦”中，但是她没有迷惑太久。“这是一个关于外星人的故事——一个迷茫的男孩和一个迷途的外星人走到了一起。”他还说，“这个故事还和我父母的离异相关。”尽管如此，他仍然强烈感到这部影片需要尽可能地保持简单，因为它毕竟是个当代的童话故事。

简简单单的一个童话故事，有时候只有真正经历过复杂人生的人才能讲出来。斯皮尔伯格把小外星人和艾略特（由亨利·托马斯精彩演绎）之间的关系称为“外星人和孤独者”的关系——他们一个“独自迷路并离家三百万英里”，一个因为父母离异而倍感失落，对曾经迷恋的游戏失去了兴趣，但还没准备好

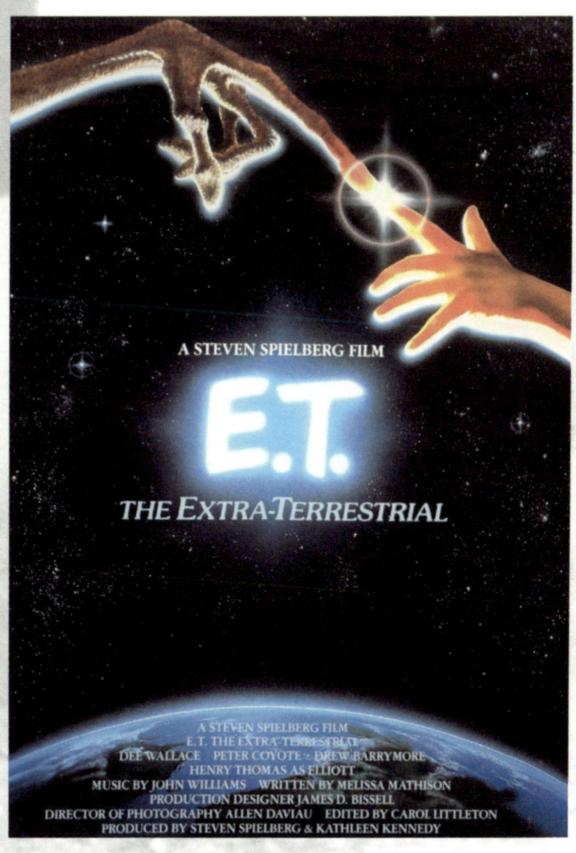

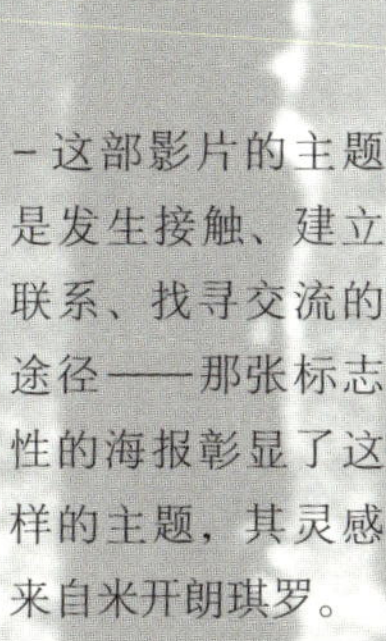

- 这部影片的主题是发生接触、建立联系、找寻交流的途径——那张标志性的海报彰显了这样的主题，其灵感来自米开朗琪罗。

迎接青春期的剧痛和狂喜。他和 E.T. 外星人是心心相印的伙伴，这是他们在不知不觉间结下的情谊。

斯皮尔伯格表示，起初是强烈的好奇心左右了 E.T.。“而且其他外星人、那些植物学家也许都忙于寻找他们想要带回家的植物并对它们进行分类。”反正，他被他们着陆的那片红杉林迷住了，结果没有发觉飞船扔下他飞走了。这让他最终遇到了艾略特，还遇到了危险——一群美国科学家想要抓住他进行研究，可能还会出于好奇而杀害他。

但是种种历险都发生在 E.T. 结识艾略特之后。斯皮尔伯格说过，E.T. 作为他的电影里众多“迷失男孩”中的第一个，也是他们所有人中迷失得最彻底的。

即便这个小家伙不言不语，我们还是能感受到他在家乡也和艾略特一样有朋友和家人，他必须努力重新联系上他们。

这部电影同样表现了在《第三类接触》中首次出现的主题：迥然不同、相去甚远的人物以及文明之间需要建立沟通。斯皮尔伯格说道：“我觉得最伟大的事情就是人们至少努力去沟通、去接触、去关注他人，去和他们试图与之沟通的人进行眼神交流，哪怕这个人不明白他们的意思——如果这个人不明白，你必须更加努力地尝试，并且要机智灵活、富于创造性地尝试，并以各种不同的方式让对方理解你传达的信息。”

当人们在一个封闭的空间内共处、被迫去跨越语言障碍时，灵魂的交流就会加深。人们努力付出时便会建立深厚的友谊，因为他们足够在乎你，会向你表达他们对某事的感受。而这就是 E.T. 和艾略特之间的纽带——两个迷失的灵魂在很短一段时间内彼此不可或缺，这样他们才能双双挺过心灵上的难关。

“我的意思是，对我而言，《E.T. 外星人》是我拍过的最心灵化的电影，而这绝非偶然，这是我一直深深感受到的东西。”

《E.T. 外星人》中体现了所有这些要素，以及其他更多东西——它们是这部影片的基础，赋予它深刻性和严肃性。但是对于它的庞大观众群体中的许多人来说（首次放映仅在美国本土就进账近 3.6 亿美元，而在世界其他国家和地区的票房收入也接近这一数字），他们很可能只是偶尔地、下意识地觉察到这个特点。因为本片在其更为表象化的层面上实在太吸引人了，E.T. 本身首先就是

“《E.T. 外星人》对我来说是一次了不起的经历，因为拍完它以后我想当爸爸了。当时我还不是一位父亲，但是从某种意义上讲却成了三个孩子，特别是德鲁·巴里摩尔的父亲，所以那部电影可以说确实改变了我的人生。”

这样——相貌如此奇特，却又如此可爱（为了让他看起来像那么回事，卡洛·兰鲍迪和他的团队几乎不眠不休地艰苦奋战了六个月——他出人意料地有了一双以爱因斯坦为原型的眼睛）。这个小家伙有些笨手笨脚，但是非常聪明，而且在喜欢上艾略特、他的朋友和家人之后，会用令人有点尴尬的方式表达他的关

– 在哥哥迈克尔（罗伯特·麦克纳夫顿）和朋友们的护送下，艾略特从政府特工那里偷偷救出了 E.T.，一行人被发现其行踪的特工们穷追不舍。

– 制作艾略特和E.T. 两人在月亮前的剪影。

爱之情。不论他是意外喝醉还是执迷于造一台收音机“给家里打电话”，他都是一个滑稽而真诚的角色。更不用说他吃“里斯巧克力豆”[1]的时候（玛氏公司那个不让 M&M 巧克力豆出现在影片里的营销人员注定会痛心疾首——一次世纪难逢的大好营销良机就这样被拱手让给了竞争对手好时公司的另一种产品）。

美国科学家对 E.T. 的健康造成的威胁经过精心编排着实非常吓人，巧妙地塑造出了无辜者的强大对手；母亲的一无所知和善良天性被处理得很微妙；艾略特的伙伴们对 E.T. 的理解从广义上讲是后知后觉的，但最终为之热血沸腾。

在我看来，小英雄们从压迫者手下逃脱，把 E.T. 塞进艾略特的自行车篮筐，沿着大街狂踩自行车的脚踏板，然后腾空而起，飞向与 E.T. 家乡星球来的营救者会合的地点——这是名垂影视最独特的画面之一，而斯皮尔伯格为此高度评价了约翰·威廉姆斯创作的配乐。“我能让那些自行车飞起来，我们能做到。但是约翰以音乐的方式对我的电影进行了再创作——约翰·威廉姆斯让它们真正升空了，因为观众在他的小提琴声中飞离了地面，进而乘着弦乐飞过月亮、太阳，然后在圆号声中着陆。我认为《E.T. 外星人》的最后 15 分钟接近一部歌剧，这要感谢约翰·威廉姆斯对电影做出的贡献。”

1 “Reese’s Pieces”，好时公司出品的一种巧克力豆。

所以我们腾空翱翔——这种观影体验可能前无古人后无来者，既振奋人心又诙谐有趣。但是，即便这个桥段让我们兴奋得全身发抖，我们的喉咙里还是有一丝异样的瘙痒感——我们希望 E.T. 能够实现他的愿望最终返回家乡，但又实在舍不得让他离开，而斯皮尔伯格亦是如此。在拍摄最后的告别片段时，他动过修改影片结局、让 E.T. 留在地球上的念头——这个小家伙可能被带到赖特·帕特森空军基地，从而接受进一步调查、经历更多的冒险。但是不行，他已经下定了决心——那样的结局是属于其他影片的。

斯皮尔伯格在与 E.T. 告别时非常诚实，离别时种种难以名状的情感被完整地演绎了出来，虽然采用了轻描淡写的手法。我们可以充分体会到，艾略特在这个片段中开始长大成人，开始承受成人世界的模糊不清——偶尔有欣喜，但更多地弥漫着令人无法抗拒的悲伤。这段独一无二的冒险经历足以作为他的精神支柱、支撑他度过前方漫长的一生吗（如果这是“真实发生”的事情，他现在也只有 40 岁左右）？或者，他后来的生活会不会像残羹剩饭般索然无味？我们必须相信这个好孩子会客观地看待一切，正如斯皮尔伯格一样——不否认过去的成功，但永远向前看。

尽管如此，由于自己父母离异，斯皮尔伯格也承认“我的很多影片都在重拾美国家庭梦。你知道，我现在的家庭已经圆了我的梦。我尽了很大努力去建立一个像原子核一样密不可分的家庭，但我付出的代价是我明白来自父母分居和离异的家庭是什么滋味”。

这一点我并不是很赞同。当然，我承认他对自己的家庭生活心满意足——这是他经常有意无意提到的事情（他依然会在早上开车送孩子去上学，并且常常一有机会就尽早下班去陪伴他们）。但是我认为，艾略特作为离异家庭孩子的境况偶尔仍会在斯皮尔伯格心头挥之不去。事实上，我认为艾略特身上有斯皮尔伯格的影子——一个孩子努力渡过难关，克服父母离异留下的缺憾，最终从另一头走了出来，基本上人格健全、身体健康——对于艾略特来说，这段历程要感谢这个可以被称为“天意”的古怪至极、聪慧至极的小伙伴，他的出现绝非天意，却仿佛是上天注定的缘分。

当孩子们一路飙车把 E.T. 送往救他的飞船时，他们撞到了其他几个不明情

“对我来说，《E.T. 外星人》既是我童年的典型故事，又是我童年的尾声。而且它的成功给了我勇气，让我开始处理更加成人化的题材。可以说《E.T. 外星人》给了我一张让我再也不怕失败的通行证。”

况、大惊小怪的自行车骑行者。艾略特解释道：“他是外星人，我们要带他去他的飞船。”有个人半信半疑地问道：“他难道不能被光束送上去吗？”对此艾略特不耐烦地回答：“这就是现实，格雷格。”而它对于一两个小时的魔幻时光来说，也的确是现实。

“我的工作，”斯皮尔伯格说道，“就是拉近观众和影片体验之间的审美距离，所以他们可以忘我地沉浸其中，直到两小时后走出影院在阳光打在脸上时才被唤醒。如果我能做到这点，而他们在电影放映的过程中

– 这一刻小提琴奏出约翰·威廉姆斯那令人难忘的主题音乐，让他们腾空而起。

不会去想今晚要做些什么、看完电影之后要把孩子放到哪里，那么我就成功了。我们所有人（导演）的成功与否，取决于我们能否很好地把观众套进我们讲述的故事所营造的体验里。他们会为此感谢我们，而不是说‘唉！我宁愿没有经历这种体验’。”

我猜一定也有人对《E.T. 外星人》无动于衷。没有一部电影会差到完全没有影迷追捧，也没有一部电影会好到没有任何的质疑者。但是就这部影片而言，我不是很想认识后者。

《E.T. 外星人》大获成功并赢得一致的好评，但值得注意的是，这部影片那一年并未荣获奥斯卡的重要奖项。大奖都被理查德·阿滕伯勒执导的《甘地》拿走了——这是一部严肃认真、死气沉沉（现在几乎没法看）的史诗影片。

– 导演也情不自禁地想要过一把艾略特的瘾，但只能忍住诱惑，这就是现实。

– 上一页上图：最后的告别。艾略特拒绝了 E.T. 邀请他一起出发的好意。

– 上一页下图：《E.T. 外星人》那一年并未赢得奥斯卡奖项，所以这个小家伙无法沐浴荣光，只能在浴缸里洗个泡泡浴。

《夺宝奇兵 2：魔域奇兵》

（1984 年）

“我心生离别之痛。我知道如果我不执导《魔域奇兵》，其他人就会来执导。我有点儿嫉妒，有点儿沮丧。”

- 上图：印第[1]拿着场记板和关继威（饰演豆丁）在一起。

- 下图：由于拍了太多次骑大象的戏，哈里森·福特的腰椎间盘出了问题。

- 下一页：导演查看矿山里的整体情况。

---

1 “印第安纳”的昵称。

出于某些说不太清的原因——恐怕只有电影制片厂的高管才晓得，华纳兄弟公司在20世纪80年代初认为，根据罗德·瑟林的电视连续剧《阴阳魔界》（Twilight Zone）拍摄一部精编版电影，可能会既有趣又卖座。于是，他们聘请了斯皮尔伯格这一代导演中的一些精英，包括约翰·兰迪斯[1]【当时已经凭借《动物屋》（Animal House）《福禄双霸天》（The Blue Brothers）和邪典恐怖片力作《美国狼人在伦敦》（An American Werewolf in London）取得了巨大的商业成功】，还有乔·丹特和乔治·米勒，而斯皮尔伯格和兰迪斯担任监制。剧情由丹·阿克罗伊德和艾伯特·布鲁克斯引出——他们一次深夜驾车途中讲起了惊悚的《阴阳魔界》故事。

1 1950年—，美国喜剧导演。

我认为斯皮尔伯格从未编排过比这段戏更错综复杂、更具娱乐性的 15 到 20 分钟的片段。这段戏也带出了印第后来旅途中的伙伴——勇敢的小机灵鬼“豆丁”（关继威饰），以及由凯特·卡普肖饰演的夜总会歌女威莉·斯科特——凯特·卡普肖在据说超过一百名女演员中赢得了这个角色，并且很快就会在斯皮尔伯格的人生中扮演更重要的角色。威莉和第一部《夺宝奇兵》中巾帼不让须眉的泼辣女人凯伦·艾伦正相反，是个好脾气的拜金女，永远会从大象背上掉下来，永远害怕蛇之类的东西——换句话说，是个笨手笨脚的人，但是她在三人组后来的冒险中证明了自己的勇气。

但是，这些看点不如预期那样激动人心。有个别人认为：《夺宝奇兵》系列电影在涉及纳粹分子时拍得最好，比如第一部和第三部。他们作为反派角色出场时，似乎总能让斯皮尔伯格全神贯注——他们就像是为斯皮尔伯格后来更

– 休息时间。凯特·卡普肖（导演后来的妻子）、斯皮尔伯格、乔治·卢卡斯和哈里森·福特。

– 下一页上图：凯特·卡普肖饰演魅力十足的威莉·斯科特——一名上海夜总会歌女。在此的照片为：和斯皮尔伯格进行探讨。

– 下一页下图：身穿中式服装配合伴舞演唱《万事皆可》（Anything Goes）。

> “那部影片中最美丽的就是我后来的妻子，而‘PG-13’级[1]也因此而问世。”

严肃地拍摄这些无法无天的邪恶势力代表进行彩排演练一样。

在《魔域奇兵》里，他只能用纯粹的当地对手将就一下。印第、豆丁和威莉从飞机上安然无恙地掉下来（非常刺激而且极难完成），被一个偏远的印度村庄的村民救下——这些村民的孩子都被邪教组织“图基教”拐走了，他们同时也掠走了村里珍贵的圣石。他因此而来到了一座矿山——这里也是邪教分子的聚集地，孩子们在此惨遭奴役、劳作至死。图基教分子们抓住了威莉和印第，用五花八门的恶心方式折磨他们，最后，他们终于借助一辆用于采矿作业的有

– 威莉和豆丁身处险境。

1 强烈警告家长——影片中可能有部分内容不适合 13 岁以下儿童观看。

轨矿车逃了出来。

这理应是这部电影里最大的动作场面，而斯皮尔伯格也在此处竭尽全力，但不知何故效果并不是很出彩。画面昏暗，空间十分狭窄——如果实话实说，它不过又是一场追逐戏，而且没有像前一部《夺宝奇兵》影片中那样在户外进行。

– 上图：在斯里兰卡外景地，《夺宝奇兵》系列影片的两位把关者正在测试一座索桥——这里是影片中高潮部分印第和“图基教”[1]分子们打斗的地方。

– 下图：《夺宝奇兵：法柜奇兵》实在太成功了，以至于续集的预告海报无须多做解释。

– 下一页：《魔域奇兵》中的场景。这次臭名昭著的盛宴呈上了幼蛇、巨型甲虫、眼球汤和冻猴脑（实际上是用蛋奶糊和覆盆子酱制成的）等“美味佳肴”。

1　图基教（Thuggee），近代曾经存在于印度的邪教组织，常以宗教为由劫杀路人并抢走财物。

在电影结尾，孩子们和圣石都回到了村里，在莽撞冒险中成熟起来的威莉与印第安纳紧紧相拥。

这部影片不是很受好评（尽管取得了票房上的成功）——影评界或多或少地认为它用力过猛、无头无脑，没有前作那种活灵活现的幽默感。它只是不停地堆砌大量惊险桥段，与《法柜奇兵》相比没什么真正的危急关头——这也让前一部影片显得至少更有分量。

这部影片还引发了分级之争——因为它有大段五花八门的暴力场面，评级委员会坚持认定它是“R”级[1]，而这样无疑就会把青少年观众排除在外。公司竭力要求把它定为“PG”级[2]，而这也是电影最终的评级——这激怒了许多家长，结果也催生了一个新的分级类别——“PG-13”，该级别允许像《魔域奇兵》这样的影片面向青少年放映。斯皮尔伯格对此没什么意见。他也认为这部影片不适合 10 岁以下的儿童观看，而在这一数字上再加上三岁对他来说影响不大。

凯特·卡普肖的出演让这部影片留下了更大的、真正无法估量的财富。她在影片中表现非常出色，但又及时地与斯皮尔伯格坠入爱河、结婚、生育（或收养）了五个孩子，经营着好莱坞最幸福的婚姻之一。斯皮尔伯格对这样的伴侣关系心满意足——他十分看重妻子的建议和支持——他们的关系看上去（没有其他词可以形容）鼓舞人心。

1　限制级，17 岁以下观众必须由父母或成年人陪同观看。

2　辅导级，一些内容可能不适合儿童观看。

– 作为一贯的“宇宙中心”，导演通过语言和动作表达他的构想。

《紫色》

（1985 年）

“《紫色》最大的不同之处，就是故事并没有超出这些人物的生活。我不想再拍摄一部矮化人物角色的电影，但是在这部影片中角色本身就是故事。”

“我觉得如果没有《紫色》，我就拍不出《辛德勒的名单》和《太阳帝国》。”斯皮尔伯格声称，“那是不可能的事情。我不会有那样的成熟程度、方法技巧以及情感信息，来以一种可敬的方式表现大屠杀，同时避免有辱于幸存者的回忆，特别是对那些没能活下来的逝者。在《紫色》之前我拍摄的每一部电影都更适合伴着爆米花津津有味地观看，《紫色》却不是。”

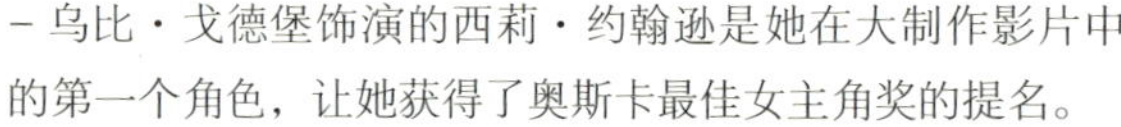

– 乌比·戈德堡饰演的西莉·约翰逊是她在大制作影片中的第一个角色，让她获得了奥斯卡最佳女主角奖的提名。

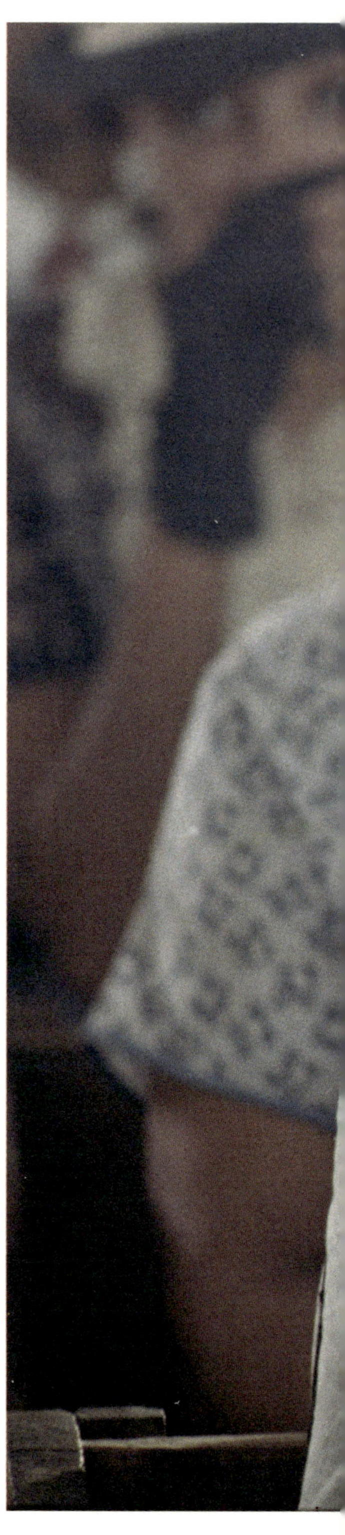

–斯皮尔伯格对《紫色》的基调胸有成竹——“面孔、内景、外景、大地美景，就像约翰·福特的风格一样。在这个美丽的画框里，包含了一个艰辛的故事。”

同名小说由凯瑟琳·肯尼迪力荐给斯皮尔伯格，不过这部影片的作曲者昆西·琼斯在立项过程中也进行了重要的斡旋——这个项目几乎立刻引起了种族利益集团的抗议，他们尤其不满黑人男主角被贬低，甚至还控诉影片宣扬女同性恋。这些质疑在一定程度上讲都偏离了主题。原书作者、普利策奖得主爱丽丝·沃克尔出面力挺这部影片，这才在一定程度上扭转了这些质疑——就算没能彻底平息它们。爱丽丝·沃克尔是个生性羞怯、离群索居的女人，她会见了斯皮尔伯格和肯尼迪，而他们消除了她对这个项目的很多疑虑。她常常出现在外景地，训练演员们用 20 世纪初的口音讲台词，她对剧本创作的参与也对影片摄制大有帮助。

这是一个复杂的故事，讲述了一群黑人妇女在生活中受到男人各种虐待，但最终战胜了男性——或者至少能在艰苦的条件下最终过上体面的生活。故事的核心是西莉（乌比·戈德堡饰）——一个被虐待的孩子，更是一个被虐待的女人。最后拯救她的是和三个女人的坚定友谊：夏戈·艾弗里（玛格丽特·艾弗里饰）——一位布鲁斯歌手，也是西莉丈夫艾伯特（丹尼·格洛弗饰）的情人；西莉的妹妹内蒂（阿克苏阿·巴西亚饰）——后来去非洲做了传教士；意志坚强的索菲亚（奥普拉·温弗瑞饰）——最终因为对白人统治阶级不敬而遭受毒打并入狱。

这部影片同样着重表现了——好吧，没错——交流。贯穿原书和电影的一件事情，是女人们不断地努力互相交谈、互诉衷肠，诉说那些有力量改变她们人生的东西。影片包含了一些动人的场景：一个女人教另一个女人读书，一个击掌游戏印证了一段延续将近40年的亲密情谊，甚至还有一段女同性恋关系——这在电影中有所暗示，但在书里则描述得更为直白得多。“我只是让两个女人接了个吻。”斯皮尔伯格说道，“这样做是因为我对比这尺度更大的事情没做好准备。”

这个决定自然确保了影片观众数量比尺度更大的“R”级片多出数百万，同时也确保了影片的基调更接近他最终确定的那种手法。有一段时间他有过把这部影片拍成黑白片的“小念头”：“因为我担心自己——担心我会用‘糖衣’粉饰美化这本书。如果我把它拍成黑白片，至少就没有‘糖衣’可披了。”

然而，他和电影摄影技师艾伦·达维奥决定采用相反的手法。他们想让影片看上去很美——“面孔、内景、外景、大地美景，就像约翰·福特的风格一样。在这个美丽的画框里，包含了一个艰辛的故事。”

“我心中有一种基调——影片也会有惊恐万分最恐怖的时刻，但发生在由紫色花丛、美丽的田园和茁壮生长的玉米所织成的多彩挂毯中。”

他承认这个方法“可能盖过了爱丽丝·沃克尔在纸上书写的集体记忆”。当然，也有影评人的确这么认为。在那时，他们正一心以最高标准衡量斯皮尔伯格的第一部“严肃”影片。

他也有其他牵挂，而这些事情并非都和电影有关。他一直在追求女演员艾米·欧文，并且在1985年这部电影上映时迎娶了她。艾米·欧文的母亲是女演员普里西拉·波因特，父亲是与一位搭档一起接替约瑟夫·派普成为纽约公共剧院导演的朱尔斯·欧文。她自己也是一位实力强劲、前途光明的演员，在布莱恩·德·帕尔玛[1]的两部电影里有过上佳表现。他们的婚姻可以说像一场暴风雨——简而言之，它艰难地维持了仅仅四年，其间斯皮尔伯格的第一个孩子——长子马克斯出世，而夫妻两人之间的激烈争吵也成了广为人知的事情。这场婚姻中出现的问题轮不到一个外人去评判，而当事人也对此缄口不谈。艾米·欧文在影坛和舞台上继续从事她的演艺事业，媒体报道称她拿到了巨额分手费，不过这笔钱的金额其实真没有一些消息所宣称的那么大。目前来看，婚姻风波并未影响斯皮尔伯格对《紫色》的拍摄工作。

他想拍这部影片，但也一度有所犹豫。在开拍之前，他意识到黑人圈子里有很多人对白人执导这部典型的黑人作品颇有微词。他也意识到自己的声望并不在于拍摄更为柔情细腻的电影。如果他没有意识到这些，也自会有许多人——特别是黑人来提醒他。

这些批评者没有料到斯皮尔伯格的固执——他一旦确定了方向，就不会停步——还有他的导演功力。这部影片很长，而且并非没有拍得不好的片段，但是这些片段在某种意义上也一样充满力量。影片中的人物——特别是一些男性角色，并不都是讨人喜欢的。他们会犯错误，会屈尊俯就，也的确会产生邪恶的冲动。他们身处的时代和环境常常对他们很残酷。

另一方面，他们坚强而坚定，虽然并不是很清楚这些品质从何而来。他们确实都知道，最优秀的人必须一直向前，必须不懈追寻——他们出于本能知道前方一定会有更好的生活，而这种追求并不在物质上。你可以说《紫色》很励

1 1940年—，美国导演，曾获威尼斯电影节最佳导演奖。

志，甚至可能很煽情，但是它的表现方式并没有一味地外露于表面。总的来说，斯皮尔伯格通过了考验：凭借这部电影，他赢得了被认真对待的资格——尽管有些人会认为他早已凭借对轻松题材的高超驾驭能力赢得了这一资格。再也不会有人说他不能胜任严肃题材了——从某种意义上讲，这部影片让他开始转型为一个真正的电影人。

- 斯皮尔伯格对年龄和表演经验水平各异的演员们进行指导，并且凭借这样的题材赢得了被认真对待的资格。

- 左上：劳伦斯·菲什伯恩在本片中饰演斯温——《紫色》是他在电影银幕上的早期作品之一，后来他有了更大的名气。

- 右上：奥普拉·温弗莱（饰苏菲亚）磨炼她的采访技巧。斯皮尔伯格左边是他长期以来的“御用”制片人凯瑟琳·肯尼迪——她促使他拍摄了《紫色》。

《太阳帝国》

（1987 年）

“这是我第一次为了满足自己而拍摄一部电影，不是为了满足观众。”

- 下一页：男孩痴迷于飞行的神秘魅力，拿着玩具飞机跃向天空——这是《太阳帝国》的主旋律之一。

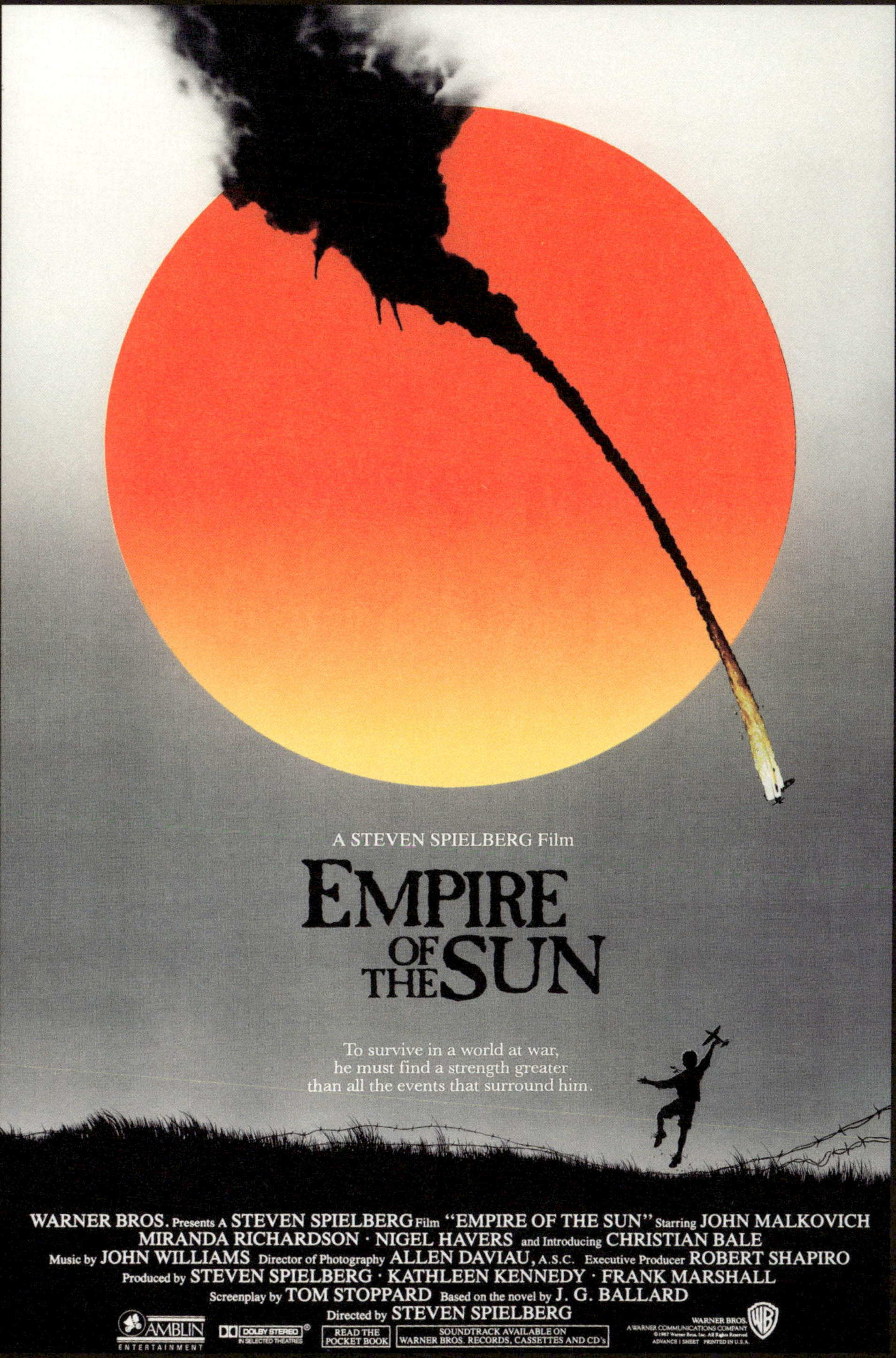

A STEVEN SPIELBERG Film

EMPIRE OF THE SUN

To survive in a world at war,
he must find a strength greater
than all the events that surround him.

WARNER BROS. Presents A STEVEN SPIELBERG Film "EMPIRE OF THE SUN" Starring JOHN MALKOVICH
MIRANDA RICHARDSON · NIGEL HAVERS and Introducing CHRISTIAN BALE
Music by JOHN WILLIAMS Director of Photography ALLEN DAVIAU, A.S.C. Executive Producer ROBERT SHAPIRO
Produced by STEVEN SPIELBERG · KATHLEEN KENNEDY · FRANK MARSHALL
Screenplay by TOM STOPPARD Based on the novel by J. G. BALLARD
Directed by STEVEN SPIELBERG

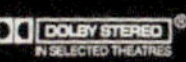

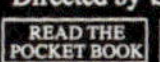

SOUNDTRACK AVAILABLE ON
WARNER BROS. RECORDS, CASSETTES AND CD's

“克里斯蒂安表现得很从容，他听得比说得多，在精神和意识上都自觉地投入到吉姆这个角色中。”

– 导演在吉姆和约翰·马尔科维奇饰演的角色贝希之间建立了狄更斯式的关系。

起初是大卫·里恩[1]激起了斯皮尔伯格对《太阳帝国》的兴趣。这位变化多端的英国导演读了J.G.巴拉德这本史诗般的自传小说之后，让斯皮尔伯格去打听电影版权问题——当时版权在华纳兄弟手里，而公司说他们已经找了另一位导演——事实似乎的确如此。然而六个月后，特里·塞梅尔（和罗伯特·戴利共同执掌华纳兄弟）打电话过来，说上次的交易没谈成，想问问里恩是否还有兴趣。大卫·里

- 作为斯皮尔伯格的“迷失男孩”之一，年仅13岁的克里斯蒂安·贝尔已经表现出了凌厉的风格——这也是他在后来出演的很多影片中的一大标志性特色。

1　1908年—1991年，出生于英国的著名导演，从影40多年只拍摄了16部影片，却7次获得最佳导演奖提名并两次获奖，代表作有《桂河大桥》《阿拉伯的劳伦斯》《日瓦戈医生》等。

恩已经没兴趣了，但是据斯皮尔伯格说，塞梅尔补充道：“你应该接手。我觉得这是你的拿手好戏。”

剧本已经有了，但是不知何故斯皮尔伯格不大满意，于是他找到了汤姆·斯托帕德[1]——他之前并不认识后者，只知道他是他们那一辈人里最优秀的英国剧作家之一。“我和斯托帕德一下子就聊‘疯’了。”他说道，“凯西·肯尼迪、我，还有斯托帕德，我们开始一起琢磨另一个剧本。”

我们不难追溯到他的热情从何而来——吉姆·格雷厄姆（克里斯蒂安·贝尔饰）是战前有钱有势的上海侨民的孩子，而且按斯皮尔伯格说法是个“怪人”。比如他尤其醉心于飞行，那种“腾空而起、脱离地面——不死也不上天堂就能飞翔”的想法显然把斯皮尔伯格吸引住了。吉姆出场之后没多久，就在一个游园会上现身，穿着男孩版的伊斯兰风格宽松套装，拿着一架玩具飞机在人群里

1 1937 年一，英国剧作家，写了很多戏剧、电视和电影剧本，获得过 1 次奥斯卡奖和 4 次托尼奖，电影代表作有《莎翁情史》等。

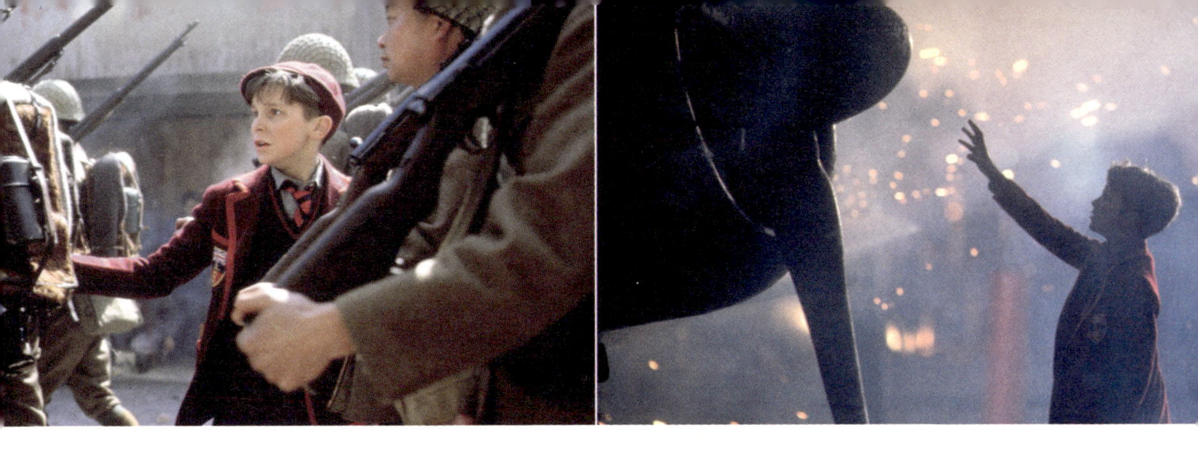

“我想描绘一个双线并行的故事——一条线是这个男孩的纯真逝去了，另一条线是整个世界的纯真逝去了。当那道白光在长崎引爆时，这个男孩却看到了它——不管他是真的看到了还是在脑海中想象出来的，这都无关紧要。两种纯真走向终结，一个悲哀的世界就此开启。”

－在上海外滩拍摄的外景戏——吉姆（贝尔饰）与母亲走散，这是当年难得一见的美国电影剧组获许在中国进行拍摄的例子。他们必须快速行动，因为他们只有 21 天的时间来完成拍摄。

跑来跑去，口中发出飞机嗡嗡嗡的声音。他还找到了一架被击落的飞机，爬到驾驶舱里打了一场假想的空中激战。

他确实像斯皮尔伯格想象得一样是个“怪人”。一个小男孩对着上帝喃喃自语（上帝没有回应他），甚至和他打网球。我们意识到，他对飞行的痴迷与

“我并不认为自己拍了一部阴郁的电影，但它是我能让自己接受的最阴郁的一部——这一点异乎寻常地让我难以抗拒。”

信仰有关——飞上天空就能更加接近至高无上的神明。

这时候，日本人占领了上海。这是斯皮尔伯格拍得最好的大规模动作场面之一，吉姆和他的母亲在这段戏里身陷上海外滩的恐慌骚乱。吉姆一手抓着母亲的手，另一只手拿着他的玩具飞机，但是不小心弄掉了它。他离开母亲去找飞机，在人群

– 拍摄美国 P-51 战斗机轰炸日本空军基地时，片场的偶然一幕。

里和她失散了。吉姆随后回到废弃的家中，在那里想象——这是第一部获准在中国拍摄外景的西方电影，但也受到了种种限制。剧组在上海只能拍摄 21 天，而大部分时间耗在了外滩的宏大场面上。拍摄这种场面在有些方面很容易——街道多年来变化不大，所以只要换一下招牌就可以了。有些方面则十分困难——需要多达 5000 名临时演员，甚至还得专门为这段戏造出 50 辆黄包车——因为这种交通工具在中国已经被淘汰了。电影其余的部分大多在西班牙和英格兰进行棚拍和外景拍摄，虽然有点超支并且遇到了天气问题，但是 3800 万美元的最终成本依然相对较低。而且现在可以说，它实现了斯皮尔伯格的所有野心。

“我对书中的一样东西颇有感触，”斯皮尔伯格说道，“就是与成年人的视角相比，它事实上挑选了一个孩子用双眼捕捉到的东西。孩子们在他们的想象中创造出这些实时场景，这由他们选择性地看到的东西引发。书中有大量视觉参考，这是真正让我有感触的东西——能通过孩子的双眼去讲述这个故事，还能展现出这个孩子如何失去了一切。这是一个关于童年逝去的故事，或许比我之前或之后拍的任何东西都更为典型地讲述了童年的逝去。”

这一历程从吉姆在家里被抓住并被送往集中营开始——这部电影中的大部分剧情都发生在后一个地方。更重要的是，他正式成为斯皮尔伯格的“迷失男孩”之一——可能还是他们当中最迷失的。

但是我们很快就清楚地看到，他是一个非常机智的男孩。“我认为吉姆等于被剥夺了孩童的权利，他必须照料自己。”斯皮尔伯格说道，“必须学会那些他做梦都不曾想过的技能，来讨好别人以求生存。‘砰’这么一下，然后他必须得认清自己是谁——一个有钱有势的男孩在这个迷失的世界里从家财万贯沦落到衣衫褴褛。这大大激起了我的好奇心——这也正是我要拍摄这部电影的原因。”

他能幸存下来，主要依靠约翰·马尔科维奇饰演的贝希——他是集中营里的小偷头子，也是营内地下生活的实际统治者——对于被关在这里的人们来说，这个男人能让日子过得下去，让人活得下去——当然，这也需要人们付出一定代价。在这个故事里，他既有黑色幽默的一面，有时也相当冷酷无情。“马尔科维奇在这个男孩身上看到了自己过去的影子，在他身上看到了希望——他可

以成为一个徒弟、一个像他一样的神偷。这个男孩基本上全靠马尔科维奇让他吃上下一顿饭，为了生存下去而加入了后者的团伙，融入了那个圈子。从某种意义上讲，贝希好比费金[1]，吉姆好比奥利弗。他们之间有一种狄更斯式的关系。”

但也并非完全如此——至少在吉姆身上不是。在集中营围墙的另一边，有一座日本人的机场，一名飞行员正在接受神风特攻队的训练。他和吉姆进行了无声的交流，用斯皮尔伯格的话说几乎是“圣餐礼”的神圣交流——“一种和飞行有关的美丽交流”。在某种意义上，这也是电影的一大长处。这位日本飞行员让吉姆依然对飞行怀有崇敬之情，而这是战争到来前这个男孩心中最重要的东西。

战争注定会结束——而对吉姆来说，战争是以一种非常壮观的方式结束的——美国 P-51 战斗机突然出现在集中营上空。这一幕是斯皮尔伯格偶然想到

– 准备拍摄贝尔和奈杰尔·哈弗斯扮演的罗林斯之间的一场戏——后者是犯人集中营里的医生——一个比小偷头子贝希正派得多的榜样角色。

1 狄更斯名著《雾都孤儿》里的人物，作为贼首教唆儿童犯罪，但也照顾了奥利弗。

的：一天早晨，他在外景地上突然意识到这一幕极其适合这场戏。他仓促地把种种元素拼凑在一起——最后，一名飞行员在低空飞行时发现了吉姆并高兴地向他挥手致意，仿佛欢迎他从某种梦境回到更普通的现实中。

但也并非完全如此——从集中营出来后，吉姆迷茫地走进了斯皮尔伯格最令人印象深刻的场景之一。在一座体育场里，堆满了吉姆过去人生中的残余之物——毕德麦雅风格和约瑟夫·霍夫曼设计的家具、华丽的大穿衣镜，还有劳斯莱斯和宾利汽车——这些都是一个失落帝国的遗迹。J.G. 巴拉德第一次看到这番景象时，一定也为之震惊。

– 仅仅四年内，吉姆就从一个“怪男孩”变成了一个在战争中坚毅、有一双“老人的眼睛”的小大人。

《夺宝奇兵3：圣战奇兵》

（1989年）

“对我来说，圣杯传说具有令人感兴趣的象征意义，因为它代表了对自我的探寻——但是以此为题材拍摄一部电影对于这种影片类型来说似乎太深奥了。”

– 下一页：导演正在工作——这是四部《夺宝奇兵》影片中他最喜欢的一部。

STUNTS
STEVEN SPIELBERG

– 琼斯父子——肖恩·康纳利和哈里森·福特联手寻找圣杯。

谁能想到印第安纳·琼斯也是斯皮尔伯格的又一个“迷失男孩”？但事实的确如此。这一系列影片第一次交代了他的重要背景故事，告诉我们印第的母亲已经去世了，而由肖恩·康纳利[1]饰演的父亲在他童年时代的大部分时间里都“玩忽职守”地不在他身边。这个老人把大半生时光用来四处寻找圣杯，而他偶尔在家时，父子二人之间的谈话也不会有任何实质性内容——这位父亲对于父子关系的缺陷倒是满不在乎。

这部电影和前两部的一大不同之处是，开场的动作戏多少和主线故事更相关。我们看到少年印第（瑞弗·菲尼克斯饰）在一处洞穴里发现了“科罗纳多的十字架”。这件东西属于一

1　1930 年—，出生于苏格兰，是《007》系列影片中第一任詹姆斯·邦德的扮演者。

家博物馆——他一边反复这样说道，一边一路躲避一伙唯利是图、一心谋财的逃犯，上演了一场刺激的大逃亡。最后，那伙人拿到了那件工艺品，而印第收到了父亲邮寄来的一本笔记，内有他在追寻圣杯时的大量发现。

在一个简短的转场中，哈里森·福特饰演的成年印第出场了——然后，他得知父亲被纳粹俘虏，于是出发去了威尼斯（还有东方的很多地点），影片中的动作戏开始接连不断地上演。一场地下墓穴戏里充斥着发出吱吱尖叫的机械老鼠；一位貌美心狠的蛇蝎美人（艾莉森·杜迪）和印第以略为虐恋的方式云雨一场（对于斯皮尔伯格来说是第一次尝试），但她竟是一名纳粹分子；一场乘船追逐戏，一次城堡之行——其间印第救出了父亲；为了赶上焚书去了一趟柏林，坐了一次齐柏林飞艇[1]，在北非沙漠里打了一场坦克大战，去了一座失落的城市，潜入了一处地下洞穴——最后，见到了圣杯和它忠诚的古代守卫者。天知道还有其他什么东西。

丹霍姆·艾略特一路相随，扮演的角色相当于一位体贴、善良、有点迷糊的父亲，但是这部影片当然属于福特和康纳利——他们在无穷无尽的冒险历程中建立了真正的情感纽带，尽管老琼斯有个讨人厌的习惯：即便在千钧一发的危急关头也总叫印第“二世”。康纳利对老琼斯这个角色进行了精彩演绎，把他演得既粗暴乖戾又富有魅力。他以干脆的方式让印第知道：虽然经常不在家，但他一直爱着自己的儿子。不过他也给印第上了重要的一课：男人有自己要做的工作、要有追求的嗜好，有时候他们可能非常不希望这样——但家庭责任必须排在这些东西后面。印第只有成为一个比较成熟的男人，才能作为跟父亲平起平坐（其实是主导）的搭档与他一同寻宝，他们也因此得以建立情感纽带并以吵吵闹闹的方式成为朋友。

和第一部印第安纳·琼斯电影一样，纳粹之祸似乎能让斯皮尔伯格发挥出最佳水平。他们是值得他与之交锋的强大敌人，因为他们是十恶不赦的典型，而不仅仅是剧情设定出来的。当然，他们往往很无能，但在拼死挣扎时又非常危险，而斯皮尔伯格可以尽情讽刺他们。例如——这也是电影的高潮时刻之

1 由德国飞船设计家斐迪南·冯·齐柏林伯爵设计的硬式飞艇。

– 左上：排练由瑞弗·菲尼克斯饰演的少年印第被一伙谋财之徒的头领（理查德·扬饰）赠予一顶软呢帽的那场戏。

– 右上：哈里森·福特和乔治·卢卡斯在意大利威尼斯的外景地——有一天，大运河从早上 7 点到下午 1 点都完全由他们掌控。

– 下图：跷着脚，低着头——忘我地沉浸在故事里。

一——纳粹在柏林重整旗鼓这件事：这是斯皮尔伯格以娴熟技巧展现的大场景之一，乔装的印第一度和元首本人打了个照面，就在此时他找回了父亲的日记，然后希特勒拿过去给他签了名。

此时此刻，元首已经不是世界上最邪恶的人。他只是一个忙于处理日常工作的名流。斯

– 瑞弗·菲尼克斯饰演的少年印第戴着“科罗纳多的十字架”骑马逃跑。

“我拍摄第三部（《夺宝奇兵》）电影是为第二部道歉。它实在太可怕了。”

皮尔伯格对火把被点燃、书籍还在燃烧的可笑一幕尽情挥洒，很好地道出了他在职业生涯走到这一阶段的十足信心和熟练把握。

而让人道不尽的一个话题是他职业生涯中最显著的一面——极其广泛的涉猎。这部电影紧跟在《紫色》和《太阳帝国》的严肃性和自我意识之后，而距离《辛德勒的名单》也仅仅间隔四年时间和四部电影，但是斯皮尔伯格对它投入的力度并不比其他那些电影低。与和他属于同一代人的那些导演朋友相比（马丁·斯科塞斯、克林特·伊斯特伍德等），他或许能更加轻松自如地驾驭从欢乐闹剧到忧伤心碎的广泛题材，技巧和情绪都很到位。这并非贬低那些朋友兼对手的成就，但是电影拍摄——尤其是在斯皮尔伯格进行的那种高成本大制作，从来都不是一蹴而就的事情，它需要热情和专注。

最近二三十年里非常明显的一件事情，是斯皮尔伯格似乎在选择上更加深思熟虑，对于接洽导演项目更为慎重，承接或拒绝它们的原因就连他自己都未必很清楚，有时候他不得不一口气连拍两部甚至三部影片（他说他痛恨这种令人精疲力竭的过程）。

但是在《夺宝奇兵3：圣战奇兵》里，观众能感受到他对这部影片全力以赴的投入，以及那种快乐的情绪。影评界几乎一致称之为继乏善可陈的《魔域奇兵》之后的一次漂亮回归，不过偶尔也有人警告他，劝他挂起长鞭，见好就收。他可没有这样做的打算——一点儿也没有。

– 元首希特勒（迈克尔·谢尔德饰）停下脚步签了个名。在柏林焚书这场戏中出现的大部分纳粹制服都是货真价实的“二战”制服，是服装设计师安东尼·鲍威尔专为这部电影搜集来的。

– 上一页：印第在一块岩石和几处硬壁之间进退两难。

《直到永远》

（1989 年）

“我有些电影并不成功，理由可能有一千个……拍摄这部电影对我来说是个很好的经历，因为它真正关乎人类情感。我一点儿也不后悔。”

– 下一页：导演已不是第一次诉诸超自然力。

– 理查德·德莱福斯成功完成一次灭火任务后顺利归来——但是这部电影本身并未受到如此热烈的欢迎。

–“男孩遇到女孩”的故事——理查德·德莱福斯和霍利·亨特试图擦出火花。

–参考信息：霍利·亨特直到1994年才凭借在《钢琴别恋》中饰演的简·坎皮恩一角荣获奥斯卡最佳女主角大奖。

– 在饰演人生中最后一个电影角色时，奥黛丽·赫本告诉理查德·德莱福斯来世是怎么一回事。

《直到永远》是斯皮尔伯格自早期导演生涯以来的轻松之作。它翻拍（并更新）了 1943 年维克多·弗莱明用达尔顿·特朗勃的剧本拍摄的《祖儿小子》（A Guy Named Joe）——该片讲述了一名飞行员（斯宾塞·屈塞饰）在一次行动中身亡，变成了四处飘荡的鬼魂。他成了一名年轻飞行员（范·强生饰）的师傅，并且无能为力地看着强生和自己的前女友（艾琳·邓恩饰）。他甚至在她代替强生执行一次危险任务时与她一同飞行，指导她平安完成任务。

他是一个睿智的小伙子，但是在死后却因为

无私奉献而实现了自身灵魂的安宁——据我们所知，这是一种永恒不灭的安宁。

《祖儿小子》是一个令人愉快的奇幻故事——能让人在战争时期一统银幕的勇猛奋战之外轻松一下。然而，它算不上一部被遗忘的伟大杰作。斯皮尔伯格看上的仅仅是它浪漫的一面，这一点值得说明一下——斯皮尔伯格进行的翻拍尽管有其故弄玄虚的一面，但也是他距离传统的“男孩遇见女孩”的故事最接近的一次。它实际上老生常谈地讲了小伙子无法对心爱的姑娘以及他们的爱情做出“承诺”的故事。但是，斯皮尔伯格尽管抱有世界上最美好的愿望，自身却对他们的热恋不够投入。在影片中，男女主角之间的爱情似乎相当冷静。他说吸引他的那种浪漫不是男孩和女孩在一起，而是他常常“缅怀”的过去——不论他的怀旧方式是回到过去，还是让当今的故事浸淫在往日的光辉中（比如《E.T.》里的郊区，比起影片本该反映的20世纪80年代的真实面貌，倒更像是他自己成长的那个年代）。

不管怎样，在《直到永远》里性感的“二战”飞行员被同样性感的美国西部当代飞行员替代，战斗对象也换成了森林火灾。屈塞的角色由理查德·德莱福斯再现，艾琳·邓恩的角色属于霍利·亨特，范·强生的角色属于身材魁梧健硕的布拉德·约翰逊。挚友的角色属于约翰·古德曼，而莱昂内尔·巴里摩尔饰演的那位指引死者亡灵走向来世的睿智长者则由奥黛丽·赫本进行了出色演绎——这也是她人生中的最后一部电影。这部影片对前作的改编相当合理，而德莱福斯的角色由于他当时的名气而多少被相应地放大了。

电影拍得最好的部分，是救火场面——这些场面是在没有多余经费的前提下在蒙大拿州和华盛顿州完成拍摄的，并且在蒙大拿的利比镇附近漂亮地重建了消防队的空军基地。这部影片注定无法成为一部伟大的作品——可能在斯皮尔伯格心目中除外。它的原作把奇思妙想、难成眷属的爱恋以及动作戏糅合得很牵强，没有足以成就伟大影片的实力，但是这依然很难解释《直到永远》为何会像原作一样惨遭彻底失败。

我觉得这和演员有很大关系，特别是德莱福斯和亨特——他们之间没有擦出任何火花。他们卖力表现热恋，但不是很入戏。当然，他本来就应该是个性格孤僻、和工作“结为连理”的男人，尤其是这份工作还伴随着生命危险。但他过于愤世嫉俗，对待和她的关系也过于随便——说得不客气一点儿，他把她当成了那种招之即来挥之即去的床伴，尽管他有时也会试图假装出其他样子，但效果不怎么好。亨特扮演的角色就像霍华德·霍克斯片中那种巾帼不让须眉的女人，她努力唤起一个男人的激情，但是他却宁愿和小伙子们一起喝杯啤酒——要么就是开心地和他们一同飞赴险境。她使出了浑身解数——她确实那么做了——但是他们的关系并未面临任何危机，尽管电影会拼命在其他方面制造危机。约翰·古德曼作为德莱福斯最好的朋友闷闷不乐，而顶替他的布拉德·约翰逊空有健硕身材却呆站在那里无所事事。他模仿约翰·韦恩时倒是有点儿意思，但是你根本想象不出亨特为何会对他有好感——除非有可能是因为他的踏实可靠和德莱福斯的古怪疯癫就像两个极端。

这部影片还存在另一个问题：在战争时期的美国，数以百万计的美国年轻人出生入死，他们迫切需要一种虚假的慰藉来让他们相信自己不会毫无意义地白白送死，让他们相信自己死后会享有那种幸福快乐、不可思议、有所助益的来世。现实地说，事实并非如此；但是直到今天，大多数美国人依然相信天使的存在（根据2008年美国贝勒大学的研究），所以任何引入这种幻想的电影都注定会受到欢迎——至少我们当中那些更容易被打动的善感之人会很喜欢。

但是消防员呢？在遥远的穷乡僻壤工作？这样做是自由选择的结果？这个选择并没有紧迫性，对他们来说充其量只是一种心血来潮的奇想。我当然很高兴他们能登上飞机，自然也要祝他们好运。但是国民并不牵挂他们的命运，观众也没有强烈的代入感。《直到永远》作为一场浪漫的冒险，不成功便成仁。

正如我提到过的，浪漫恋情并不是很适合斯皮尔伯格。他在这部影片里表现得近乎羞怯，无法焕发出那种必不可少的激情。这样的方式倒也没什么问题；他的涉猎面已经比大多数导演都要广泛，而没人能精通所有影片类型。但是，这部影片的确未能一飞冲天。

尽管拍摄技巧不错，它还是一败涂地。影评界对它并不刻薄，但十分冷淡。此外，票房收入也相对微薄。不过，它对斯皮尔伯格的职业生涯没有造成持续性伤害。他在这部影片上大肆运用了种种技巧，而这不过是一次小小的失败——不是像《1941 年》那样的灾难。没有谁的职业生涯能完全避免失败，就连他也不例外。

– 即便是对小雏菊也追求尽善尽美。

《铁钩船长》

（1991 年）

“每天我一来到片场，就会心想：
‘这次飞行失控了吗？’”

DUSTIN HOFFMAN
ROBIN WILLIAMS
JULIA ROBERTS
BOB HOSKINS
A STEVEN SPIELBERG FILM
Hook
TRISTAR PICTURES PRESENTS AN AMBLIN ENTERTAINMENT PRODUCTION A STEVEN SPIELBERG FILM DUSTIN HOFFMAN ROBIN WILLIAMS JULIA ROBERTS BOB HOSKINS
"HOOK" MAGGIE SMITH CHARLIE KORSMO EXECUTIVE PRODUCER JIM V. HART COSTUMES DESIGNED BY ANTHONY POWELL MUSIC BY JOHN WILLIAMS VISUAL CONSULTANT JOHN NAPIER FILM EDITOR MICHAEL KAHN, A.C.E.
PRODUCTION DESIGNER NORMAN GARWOOD DIRECTOR OF PHOTOGRAPHY DEAN CUNDEY, A.S.C. CO-PRODUCERS GARY ADELSON AND CRAIG BAUMGARTEN BASED UPON THE ORIGINAL STAGEPLAY AND BOOKS WRITTEN BY J. M. BARRIE
SCREEN STORY BY JIM V. HART & NICK CASTLE SCREENPLAY BY JIM V. HART AND MALIA SCOTCH MARMO
PRODUCED BY KATHLEEN KENNEDY · FRANK MARSHALL · GERALD R. MOLEN
DIRECTED BY STEVEN SPIELBERG
SPECIAL VISUAL EFFECTS BY INDUSTRIAL LIGHT & MAGIC
SOUNDTRACK AVAILABLE ON EPIC SOUNDTRAX
TRI STAR
PANAVISION

– 这可能并不是铁钩船长（达斯汀·霍夫曼饰）最后一次伟大的冒险。

我必须承认，我并不是对《彼得·潘》及其诸多衍生作品评头论足的理想人选——J.M. 巴里的这部作品自 1904 年首演以来，已经被搬上了我们能想到的所有媒体。它对我来说难以理解，所以我并不喜欢它。这在我来说大概是一种审美缺陷——甚至有可能是精神上的缺陷，考虑到这么多年它几乎在全世界都受到了大肆推崇。我只想说，我对孩子般的纯粹幻想并没有太大感觉，我更喜欢安放在某种现实外壳内的虚构作品（正如大部分电影那样）。

斯皮尔伯格正好相反。在 20 世纪 80 年代，所有人——包括他自己在内——都认为他基本上早晚有一天会以某种方式拍出他的《彼得·潘》电影，而他也对这件事进行过多种尝试。最后胜出的那个创意，是最终担任这部影片联合编剧的詹姆斯·V.哈特想出的：如果彼得长大后成了一个积极能干的地道美国人，彻底和过去那个身为小精灵的自我失去了联系呢？我们看到他成了彼得·班宁（罗宾·威廉姆斯饰），一名企业并购律师，心不在焉地爱着他的孩子们，但是在追求更大的财富时往往置他们的需求于不顾。天啊！他甚至害怕飞行。

这种思路在当时多少有些陈词滥调。很多博学多闻的时事评论员都会束手无策地感叹：美国爸爸对赚钱和花钱，比对收获爱和付出爱更加感兴趣。有一次他的妻子从他手里抢过他从不离身的手机，把它扔到了窗户外——这拦住了

– 斯皮尔伯格呈现的“爱森斯坦式”[1]婴儿车失控的场景。

1 爱森斯坦是苏联电影导演、电影艺术理论家、教育家，“失控婴儿车”是其不朽代表作《战舰波将金号》中的经典蒙太奇，以母亲中弹倒下后婴儿车失控下滑的镜头造成扣人心弦的紧张效果。

他的路，但也仅有片刻而已。于是，就需要这部电影剩下的部分以其人之道还治其人之身地教他认清自己的错误。

故事情节大致是这样发展的：彼得和他的家人去了伦敦，上了年纪的温蒂（玛吉·史密斯饰）——这个收留过彼得并为他找到养父母的女人——由于为各地孤儿服务而即将在这里获得嘉奖。彼得和妻子参加颁奖典礼时，凶恶的铁钩船长（达斯汀·霍夫曼饰）把他们的孩子劫持到了永无岛，而彼得必须在小叮当的帮助下从那里救出他们——在这个过程中，他学会了飞翔，享受到了乐趣，当然，还把孩子放在了第一位。电影自然而然地服务于斯皮尔伯格的几大主题：基本上缺位或极其漫不经心的父母；“迷失男孩”（这一次是名副其实）；飞翔时畅快无比的释放——尤其是在彼得学会飞翔之后。

这个剧本的思路不算很有创造力，但也可以拿来一用，尽管有太多时间被用来建立显而易见的前提。真正的问题在于，最后出来的影片在“制作价值”

– 被一位“神圣狂徒”触碰之后，罗宾·威廉姆斯饰演的彼得·潘慷慨激昂地放声高呼，引领“迷失男孩”们。

上大于其他任何东西。斯皮尔伯格处理这个故事时明显以他自己的感觉为中心——为了把影片搬上大银幕而毫不吝惜成本，长度也没了限制——这部自我放纵的冗长电影约有两个半小时那么长。对于本片“制作过度”的说法，斯皮尔伯格在某种程度上表示赞同。

他说它是《1941年》的“表亲”，但不太赞同它是一场像后者那样巨大的灾难——实际上它也的确不是。影片的主场景占用了索尼公司在卡尔弗城的至少9个摄影棚（这是斯皮尔伯格第一部完全在人工布景下拍摄的电影），包含了铁钩船长的海盗船——宽35英尺，长179英尺，主桅杆高75英尺，是目前为止斯皮尔伯格工作过的最大片场。当然，这些片场也必须充斥着一众演员——海盗、小孩、围观的群演——他们每时每刻都在忙碌，你从未见过这么多反应镜头[1]。

但是，在努力让所有这些雇来的人创造高效回报时，影片也因此而丧失了一定的欢乐气氛。斯皮尔伯格拍摄动作场面的功力丝毫未减，但是尽管如此，纯粹的喧闹场面还是常常取代意味深长、推动情节的活动。此外，这部影片还表现出了对死亡的惊人迷恋：铁钩船长不止一次用道别的口吻将死亡称为最后一次伟大的冒险——这是他十分期待的东西。

达斯汀·霍夫曼非常卖力地献上了精彩演绎，把他的表演定位在轻狂和威吓之间（前者要多于后者）——还外加了一点儿令人吃惊的文学修养。不过，这一招只能断断续续地奏效。罗宾·威廉姆斯的问题甚至更大——比如在他被一名“神圣狂徒”触碰的时候；还有一个演员愿意极尽所能博大家一笑，而结果常常是有人笑一声就不错了。在表演方面，他似乎有时会失去控制，但从未太过分。但是他越来越急于用更常规的方式赢得喜爱，在这部影片里有所收敛——虽然并不彻底，但依然让人很容易察觉。他的喜剧表演从未令人兴致高昂，他似乎总在小心翼翼地算计自己究竟可以发挥到什么程度，而这损害了电影。当他饰演的彼得·潘受到这种拖累时，就让人一点儿也高兴不起来。

好吧，正如我说过的，我不怎么关心《彼得·潘》和它的衍生作品。但是在我看来，如果想玩转它的话，就得在云端跳舞，而不是沦为食物大战（没错，

1 影视镜头语言的一种形式，是表现人物对某事件做出相应“反应”的镜头。

11

这部影片里就有这样一场蠢戏）和斗剑，以及铁钩船长和他那笨手笨脚的副手斯米（鲍勃·霍斯金斯饰）之间毫无滑稽可言的交流。我并非支持贫乏的制作——这在任何情况下都是不可取的。我所支持的是一种特定的朴实，那几乎是一种即兴发挥的方式——不过在今天看来，当初有两点原因让影片达不到这种效果。

首先，《彼得·潘》是一部举世公认的“经典”，没有一家电影公司会随随便便地对待这部作品，一旦上马就务必拿出最佳水准，不计拍摄成本，以免观众怀疑公司不够重视。然后，我们也要考虑到斯皮尔伯格自身——这是一部他似乎生来就该拍摄的影片。职业生涯到了这个阶段，他不会再去拍一部只能说还算不错的小电影——他几乎不得不把影片拍得气势宏大。在拍摄这部影片时，成本几乎翻了一番，还有拍摄日程——令人不可思议的是，它完全是在摄

- 朱莉亚·罗伯茨饰演飞翔的小叮当——“一个甜美、轻盈、欢笑不断的存在。”《纽约时报》如是评论道。

- 上一页：《铁钩船长》纪念性地再现了斯皮尔伯格的一些重要主题，包括飞翔时无比畅快的释放。这是他第一部完全在人造环境中摄制的电影，占用了 9 个摄影棚。

影棚内进行拍摄的，而棚内的拍摄条件至少从理论上讲是受到严格控制的，因此诸如天气等因素就不成问题了，而且也不会像在外景地拍摄那样出现种种变幻莫测的复杂情况。

这是一部富丽堂皇但判断失误的影片，刚在影院上映就基本完蛋了。影评界的反应非常谨慎，他们尽力发掘电影里讨人喜欢的东西，但同时也对它不置可否。这部影片在商业上迎来了开门红，而且的确赚到了多达 3 亿美元的票房收入。但是，它并非一部受人爱戴的影片，甚至不那么讨人喜欢，而斯皮尔伯格也多少有些后悔。他嘟哝着说这可能是他最后一次尝试“大”制作，还说他未来可能要在影片规模上有所缩减。

在某种程度上，他可能的确那么做了——他没有再拍摄很多适合全家观看的电影。他已经 40 多岁，是时候收起那些孩子气的东西了。他此时的抱负主要是拍摄在严肃性上远高一筹的电影——但不会马上去拍。经历了《直到永远》和《铁钩船长》的相对失败后，他即将大受欢迎并取得职业生涯中最辉煌的成功。

《侏罗纪公园》

（1993 年）

“我可以大言不惭地说，我真的只是把《侏罗纪公园》当成《大白鲨》的续集佳作来拍的——是陆地版的。这很无耻——但我现在可以这样告诉你。”

RETOUR
SNOHOMISH
Built on Tradition

–《侏罗纪公园》开启了数字特效的大门——这是一种全新的特效形式。

史蒂文·斯皮尔伯格从孩提时代起就想拍摄一部恐龙电影。这种野心随着他年龄的增长而越来越强烈，而且他成了定格动画天才大师雷·哈里豪森的忠实崇拜者——所谓定格动画，是让史前生物（或其他你能想到的东西）的模型一帧一帧、一步一步地逐渐动起来。斯皮尔伯格不是很想退回到遥远的史前时代，但是他也想不出该如何把这些怪兽插入到当代背景中——这件事被迈克尔·克莱顿做到了，他的畅销小说《侏罗纪公园》对斯皮尔伯格来说已经足够合理可信。

最终版影片里穿插的一段动画片解释了他

- 导演指导另一位导演——斯皮尔伯格与理查德·阿滕伯勒，后者扮演侏罗纪公园的主人约翰·哈蒙德。

- 下一页：被似鸡龙追逐的山姆·尼尔逃了出来。

的想法：在 1.5 亿年前，一只蚊子叮咬了一只恐龙，然后被困在了琥珀里，你可以从这只昆虫的血液里提取出恐龙血液中的 DNA——你瞧，你就能开始孵化各种各样来自远古时代、大多非常凶恶的庞然大物了。

“书里足够可信的科学打动了我，‘这是我看到过有人想出来的科学和想象力最天才的结合之一’——这完全是迈克尔·克莱顿的杰作。”斯皮尔伯格如今说道。

“人们一遍又一遍去看这部电影是因为那些恐龙，而不是因为在一个美好的夜晚场景里，孩子们坐在树上聊了三分钟。”

环球为斯皮尔伯格买下了电影版权，而他让克莱顿和大卫·凯普共同编写剧本。恰当地说，这个故事其实相当简单。约翰·哈蒙德（理查德·阿滕伯勒饰）是一位亿万富翁，在加勒比海上拥有一座小岛——在这里，他出资复活的六只史前生物漫步在美丽的自然栖息地，预计会让成群结队的游客大开眼界。他邀请了两位合法科学家——艾伦·格兰特（山姆·内尔饰）和艾丽·萨特勒（劳拉·邓恩饰）来参与和支持他这项大胆的事业，还有伊安·马尔科姆博士（杰夫·高

–重建恐龙王国：霸王龙在侏罗纪公园主楼的大厅里横冲直撞。

布伦饰演）——一位研究“混沌”理论的数学家——也一同前来并大讲风凉话。哈蒙德的孙子孙女也在场——他们的戏份基本上就是被神气活现的粗暴怪兽威胁。

威胁是在一次解说游览中出现的，当时坏运气、坏天气和坏家伙加在一起，让霸王龙和它们的同类从围栏里逃了出来——这些史前巨兽开始在岛上张牙舞爪、四处横行。然后，电影进入了一系列追逐戏——它们大多以死里逃生告终。虽然剧情非常简单，但是斯皮尔伯格拍摄这些片段时一如既往地满怀热忱。

当然，这些片段离不开恐龙们的庞大体形、运动能力以及没头没脑的残暴——影片中的恐龙之所以没有让人失望，主要是因为它们是用最先进的特效技术打造的。斯皮尔伯格和他的同事们站在了电影新时代的边缘——这是“有史以来第一部成败与否完全取决于这些数字化角色的电影”。乔治·卢卡斯特效工作室的能工巧匠们准备以更传统（而且说实话，不那么真实）的方法让怪兽们动起来，但是他下决心尽可能打造数字化的恐龙。

这些数字特效花费了两年时间以及差不多6000万美元，最终效果相当出色。

可是，这也削弱了对恐龙的巧妙运用。斯皮尔伯格的很多电影——要不就是大多数电影——都会设法表达出对电影史的看法，而且常常做得妙趣横生，比如引用过去的著名镜头，或是参考服装或布景。这样做没问题，挺好的，但是斯皮尔伯格说：“更加有趣得多的做法，是把霸王龙放在现代汽车旁边，或者把迅猛龙放在一间现代工业化厨房或实验室里——那些我们今天非常熟悉的东西；然后你把6000万年前的过去，把那段历史的全貌带入现在，让恐龙和——比方说，一辆福特越野车并列出现。这不同于威利斯·奥布赖恩在第一部《金刚》电影中的手法。

“我的意思是，在《金刚》的开头，我们都在金刚的领地上。骷髅岛是它的领地，我们是入侵者，是它眼中的标本。所以不管发生什么事情，游戏都是公平的。但是当他们把金刚带回纽约时，影片就变得有趣了，因为你看到金刚违背了我们认为理所当然的一切。我们不再把帝国大厦的庞大视为理所当然——在金刚爬上去的时候它看上去变小了。我想，让史前时期和现代世界并存，会让书和电影都变得很独特。”

《侏罗纪公园》不是——也没有立志成为——一部像《金刚》一样的壮烈悲剧，后者时隔这么多年依然有着最令人心碎的电影场面，要是单就“血统”而言的话它的成功并不依靠于文学原型——它是一部原创电影，这样反而更好。不过《侏罗纪公园》也不该受到轻视，它要讲述的故事非常有力——甚至令人屏息凝神，而且它以无间断的紧凑方式把这个故事讲得天衣无缝。此外，它还因为斯皮尔伯赢得了格雷·哈里豪森的青睐而如虎添翼。

他们以前从未谋面，但是有一天哈里豪森进城时顺道拜访了斯皮尔伯格，他们自然而然地一见如故。“他顺路来访，我们相谈甚欢。然后我说，你想看看数字化恐龙吗？我把他带了过来，给他看了我最初的试验——一群奔跑着穿过一片田野的似鸡龙。我们还没有做出它们的血肉，所以奔跑着穿过田野的仅仅是似鸡龙的骨架——雷和我一起看了这个试验。我在一周前就看过这个试验，而他是我们小团队之外第一个看到它的人。他看了就说：‘很好，这就是你的未来。这就是未来。’”

广大电影观众很快就会同意他的看法。不可否认，这种特效会丢失一些东西——哈里豪森的作品里那些手工的、迷人的、坚韧的、有点儿笨拙的特质，依然让一代又一代年轻人、让有些书呆子气的男孩们为之着迷。然而，与之相对的是《侏罗纪公园》中景观的完美真实感——让人觉得那些阴影是真的，或者可以是真的——所以没必要道歉。

有时候，特效会在影片中反客为主（《金刚》和《星球大战》也发生过这种情况）——它们抵消了故事的不完美和人物的平淡乏味，而这些东西可能会毁掉一部普通电影。科幻电影常常受到狂热推崇，不是所有人都喜欢这一类电影，但有时候它们就是可以让广大观众不再犹豫，人们就是要看这些该死的东西。

《侏罗纪公园》也是如此。它上映的头两个月在美国收获两亿美元票房，而全球票房最终达到了差不多9亿美元，一度成为史上票房最高的电影。就连影评界也在整体上对它很友好——他们正确地认识到，它代表了电影——

– 下一页：掀翻一辆小型货车，吓坏了车里的人。

OBJECTS IN MIRROR ARE
CLOSER THAN THEY APPEAR
JURASSIC PARK
04

“我拍摄它不是为了改变人们看待世界的方式，而是因为它娱乐性很强，是我想看的那种电影——这也是我拍摄许多电影的动机……我一直都想拍一部恐龙电影，所以这部电影在某种意义上也是我的个人爱好。”

至少是特定电影——今后在拍摄方式上的巨大转变。如今已经过去了 20 多年，我们也对这样的结果产生过质疑。数字特效变得更花哨、更宏大、更加容易预见、更加无处不在，但效果却未必更好。尤其是在大片扎堆上映的夏天，影评人更是有正当理由抱怨这种情况。他们可以——尽管他们没有——回顾一下 1993 年《侏罗纪公园》中相对朴实但巧妙而惊悚的特效，正是这部电影开启了这种全新的特效风格。

– 左图：打搅了正在如厕的马丁·费雷罗。

《辛德勒的名单》

（1993 年）

“这是我第一次试图在电影中传达这样一个信息——一个非常简单的信息，那就是：像这样的事情绝不能再次发生。但是，它非常贴近我的内心。”

－上一页：导演坐在连姆 · 尼森的影子里——他由于饰演奥斯卡 · 辛德勒而获得了奥斯卡提名。

在1982年的夏天，每一个和《E.T. 外星人》有关系的人都对影片在票房（以及评论）上受到的认可“欣喜若狂”（斯皮尔伯格的话），所以导演开开心心地等着西德·谢恩伯格周日打电话告诉他影片在这个周末的初步成绩。结果相当出色，但是这并非谢恩伯格最关心的东西。那天早晨，他读了《纽约时代》书评栏目中的一篇评论，是托马斯·肯尼利的关于奥斯卡·辛德勒的小说。“先生——他总是叫我先生——我觉得你必须去讲这个故事。”斯皮尔伯格这样回忆他说的话。谢恩伯格立刻把这篇评论和这本书送了过来，然后他拿到了电影改编权。

“我非常确信，不管在波兰遇到什么事情我都能忍受，我把摄影机放在我和拍摄对象之间——你知道，这样就能通过创造审美距离来保护我自己。但是在第一天进行拍摄时，这段距离就彻底瓦解了。”

– 斯皮尔伯格和新婚燕尔的第二任妻子凯特·卡普肖站在奥斯维辛外景地沉思良久（上图）。周围荒凉的环境也是斯皮尔伯格情绪状态的写照——他为了拍摄这部他职业生涯中最重要的影片，体验到了把自己“掏空”的感觉。

斯皮尔伯格对于这件事非常没有把握。“我还没有那样的成熟程度、方法技巧以及情感信息，来以一种可敬的方式表现大屠杀，同时避免有辱于幸存者的回忆，特别是对那些没能活下来的逝者。”

其实，他在后面十年里一直试图把这本书交给其他导演，但是“他们都把它还给我了”。

他不想公开提及他曾把这本书推荐给哪些导演，除了一个人——就是罗曼·波兰斯基[1]。斯皮尔伯格前往巴黎给他这本书，被他拒绝了。“罗曼很伟大。他说：‘你知道吗？我自己也有一个关于大屠杀的故事，我不想讲述这个故事，我甚至不知道我想讲述什么故事。我想我或许会讲述我自己的人生经历——我在很小的时候从克拉科夫[2]的犹太人居住区逃了出来，在大屠杀中幸存下来。我必须讲述我自己的故事。’”

从某种意义上讲，他最终通过一部名叫《钢琴师》的上佳影片做到了这件事——影片虽然没有讲述他的亲身经历，但在情感上却极具自传性质。

所以斯皮尔伯格对这个项目犹豫了很长一段时间——十年里的一大半时间——但是一种感觉越来越强烈：“它注定会回到我这里。当某件事让你烦扰了十年，就像一个反复出现在你面前的讨厌鬼，你就得开始严肃对待了。你会开始觉得或许有一些力量在告诉你：‘过了这村就没这店了，这一次你最好答应下来。’”

这些对他产生作用的力量中，包括肯尼利这本小说独特的缘起。这位作者有一次来贝弗利山庄赴约来早了，于是顺便在一家皮制品店里逛了逛，还和店主利奥波德·佩奇聊了起来。在波兰的另一段人生中，他名叫波德克·菲佛伯格，是一个“辛德勒的犹太人”——是为奥斯卡·辛德勒工作的数百名犹太人之一，在这个另类男人的保护下免于被驱逐出境和死在集中营里。辛德勒的故事在当时完全无人知晓，除了那些被救下的人。战争结束后他陷入贫困并隐姓埋名，但是佩吉留有文件资料、联系方式和生动的记忆。不久之后，肯尼利搬过来和他同住，全力以赴写作他的故事。

1　1933年—，法国籍犹太裔导演，代表作品《水中刀》《罗丝玛丽的婴儿》《唐人街》《钢琴师》等。

2　波兰城市。

至于斯皮尔伯格，他也有他自己对大屠杀的记忆——虽然明显是“二手”的，但非常深刻。“我的父母和祖父母总会说起大屠杀，但是他们从不把它称为‘大屠杀’——我直到长大一些以后才听说到这个词。他们把它称为‘大谋杀’。”

事实上，他的祖母曾经在辛辛那提市教来自匈牙利的大屠杀幸存者学英文——斯皮尔伯格一家在史蒂文三四岁的时候也住在那里，而他学习识数时借助了幸存者们被囚禁在集中营内时文在手臂上的数字。

他印象特别深刻的是，一个男人对他说：“我给变个戏法吧，你想看魔术戏法吗？”孩子当然想看，于是这个男人屈起他那只带有数字文身的手臂，结果一个 6 变成了 9，反过来也一样。“我永远忘不了那件事。”斯皮尔伯格说道，“我只是个很小、很小的孩子——只有三四岁大，但永远忘不了。”

后来有一部纪录片——这是斯皮尔伯格有生以来看过的第一部此类影片。有一天一台 16 毫米电影放映机被推进了他们班的教室，为学生们放映一部研究大屠杀的电影——《扭曲的十字》（The Twisted Cross）。“这是我第一次在银

– 导演手舞足蹈地给尼森讲戏。

- 上图：辛德勒作为电影史上最伟大和最神秘的角色之一，没有任何真情流露。

- 下图：斯皮尔伯格和（从左到右）拉尔夫·费因斯（饰阿蒙·高斯）、本·金斯利（饰伊萨克·斯特恩）、连姆·尼森（饰奥斯卡·辛德勒）的一张正式合影。

幕上看到尸体。”他回忆道。事实上，“我看到大堆大堆的尸体像木材一样堆积起来，看到推土机把尸体推进了一条明沟——这些都是我们的孩子现在非常熟悉的画面”。

这些画面给斯皮尔伯格留下了不可磨灭的印象，尽管很难说它们对斯皮尔伯格最终接拍《辛德勒的名单》发挥了多大作用。也许最可靠的说法是——正如他所说，这是一个命中注定的项目，他最终不再抗拒。第一稿剧本并没有打动斯皮尔伯格，随后编剧史蒂夫·泽里安参与了这个项目。他写了一份“非常、非常简洁的初稿”——斯皮尔伯格很喜欢它，尽管觉得它还有待进一步充实。“你得让电影更长。”斯皮尔伯格一直这么说。他的意思并不是要抛开奥斯卡·辛德勒的故事——绝不是要这样，但是他开始认识到：整个大屠杀的故事或多或少地，就像任何人都会向往的那样，可以被包裹在这样一个非常丰富（而且可以有多种解释）的故事里。有一次泽里安陪同斯皮尔伯格去波兰勘察外景地，其间终于取得了突破性的进展。

他们去了奥斯维辛以及故事里的其他地点，而泽里安一回来就重新扎进书里并“开始大大地拓展和深化这个故事。他写出了一个很棒、很棒的185页的剧本，每一页我都拍了出来”。

“电影需要讲述很多关于大屠杀及其过程的东西——大屠杀是撒旦写出来的一个剧本，整个过程剥夺你的自由，强迫你佩戴星星[1]，迫使犹太人居住区内通过黑市交易基本的生存物资，清算了犹太社区里的上层阶级，还把所有人集中到一起然后统统发配到各地的劳改营，或是直接送往奥斯维辛和其他死亡集中营执行快速灭绝。这些都是非常重要的步骤，一步一步向全世界展示高度的精确性和有预谋的仇恨曾经导致了现代史上最严重的滔天罪行——我没办法仅用 1 小时 52 分钟或是 110 页的剧本来做好这件事。”

不过，斯皮尔伯格必须把焦点放在奥斯卡·辛德勒身上——他是电影史上最伟大也最神秘的角色之一。正如连姆·尼森饰演的那样，他在出场时是个没出息的家伙，是个花花公子，漫不经心地在克拉科夫经营一家搪瓷器皿工厂，但大部分时间都在享受有美酒、女人和与音乐为伴的生活，与占领波兰的纳粹

1　六芒星，又被称为大卫星、所罗门封印，是犹太教和犹太文化的标志。

“其他所有人都对它有异议，电影公司里根本没人真心希望我拍摄这部电影。一位我在此不便透露其姓名的公司高管说：‘我们为什么不直接向大屠杀纪念馆捐款呢？——这样就能让你开心了吧？’”

驻军关系十分融洽。他的工厂员工几乎全是犹太人，但是他对他们也并无芥蒂——他们都是出色的工人、和蔼可亲的人，而务实派的辛德勒奉行和平共存的观念。他需要这些工人，而且出于这种精神，他开始行动。

- 在克拉科夫附近的普拉佐劳改营，心理病态的高斯准备在一处阳台上朝囚犯开枪。为了拍摄这部电影，剧组在一处采石场重建了这座劳改营。

尼森的表演在动作举止上非常出色、精明老练。他是一个慢条斯理、小心谨慎的人，不由自主地对他营救出来的 1200 名工人产生了越来越深厚的感情，但是他对自己的英雄主义行为几乎不以为意，仅在极少数时候有所表现。例如，他在工人献上生日蛋糕时高兴的样子。在初期的几稿剧本（不是泽里安所写）里，有一种情不自禁的倾向，试图以比较传统的电影英雄模式去“诠释”他。

然而，这个想法被抛到一边。导演决定让辛德勒只行动，不解释，而让这部电影激起观众共鸣的东西很大程度上正是这种神秘感。

我们一直想知道是怎样的崇高力量掌控了这个前途无望的男人；一直想知道如果这种掌控力突然减弱，他会不会重新坠入黑暗，变得投机取巧。很少有电影如此执着地守着一个谜，而这个谜赋予了这部影片坚韧的力量。

那时候，泽里安说这部影片有一种“玫瑰花蕾”般的特质。也就是说，正如《公民凯恩》里的同名雪橇[1]对塑造凯恩的性格有重要的核心意义，类似的东西也对塑造辛德勒的性格至关重要——尽管没人可以把握十足地说出那种性格究竟是什么。在《辛德勒的名单》里，奥斯卡·辛德勒对他自己的定义是存在主义[2]，他的行动完全出于不假思索的冲动。我们对他的真正了解，只有他热爱交易之道这件事（尽管他无论在战前还是战后都不是一位特别成功的商人）。但是在战争年代，他有一种过人的天赋。他需要和普拉佐附近那座劳改营的司令官、心理病态的阿蒙·高斯（拉尔夫·费因斯的演绎无懈可击）做交易吗？好的，然后他会这么做，而且从不曾流露出对这个人的憎恶。他需要伊萨克·斯特恩（本·金斯利饰），这个为他保管名单的会计师的友谊吗？好的，然后他会拥有的。

此外，伊萨克·斯特恩在现实中确有其人，尽管他在肯尼利的书里笔墨不重。但是在斯皮尔伯格看来，他是辛德勒的"天才"。"他是工厂管理制度的幕后军师，有权决定哪些犹太人可以从高斯的集中营来到相当于避难所的艾玛利亚工厂。他瞒天过海的本领堪称天才，他坚守着他的名单、他的数字、他的账本。但是，他是奥斯卡·辛德勒的良心。"

不过，他同时也"给予了奥斯卡·辛德勒某种后者以前从未拥有过的东西，那就是真挚的友谊。奥斯卡从未和女人有过真挚的友谊，他从未和任何纳粹党徒有过真挚的友谊，但是他和这个犹太人结下了真挚的友谊"。

如果说辛德勒在电影里的某一刻近乎于自发地表现出来过良知，那就是他和女朋友在外面骑马的著名一幕——他们在一处小山顶停下（这个场景恰好是在现实中这一事件的发生地拍摄的），向山下眺望时目睹了克拉科夫犹太人居住区的清洗行动。

"他看了很长时间，"斯皮尔伯格描述道，"他看到一个身穿红色外套的小女孩，想知道纳粹为何围捕和射杀任何进行抵抗的人，除了那个最显眼的人——她穿着最鲜艳的外套大声惊叫，本该被抓起来扔上卡车，但是见人就抓的纳粹分子为何放过了这个沿街而行的小小的亮点？辛德勒很纳闷为何如此显

1 "玫瑰花蕾"是主角凯恩临终前的遗言，也是贯穿整部影片的一个重要线索，影片结尾给了凯恩童年用过的带有"玫瑰花蕾"字样的小雪橇一个特写镜头。

2 当代西方哲学主要流派之一，最早由海德格尔提出，其根本观点是把孤立个人的非理性意识活动当作最真实的存在。

眼的东西没被抓起来扔上卡车。”

这部影片完全以黑白形式拍摄，除了片头闪烁的蜡烛以外，还有身穿鲜艳红色外套的小女孩。影评人抓住这一点大做文章，认为它作为斯皮尔伯格最朴实无华的一部电影，体现了他的感伤主义意愿。但这根本不是他的意愿——“我给它上色是出于另一个原因，那就是大屠杀只在非常小的秘密圈子里为人所知——罗斯福[1]和艾森豪威尔[2]肯定知道。”编剧本·赫克特也知道——他在美国各地举行露天表演，以此抗议美国上层社会的犹太人以及其他知道这个秘密的人。

斯皮尔伯格没有提到这样一个事实：在政府上层人物和美国犹太人中的权贵阶层看来，拯救欧洲犹太人或者至少改善他们的处境对于美国来说，并不是一个能让人接受的战争目的。这个国家当时盛行反犹主义，不过在大多数情况下都闹得不凶。但是尽管如此……美国是不会代表这些远方的犹太人参战的。举一个很小的例子：在战争年代，仅有三部相当小众的电影涉及犹太人。大部分以欧洲地下斗争为题材的美国电影（这种电影数量非常多）所关心的东西，都是反抗纳粹暴行的“持不同政见者”的困境——这些人作为被消灭的理想主义者出现在银幕上。

1　1882 年—1945 年，美国历史上唯一蝉联四届的总统，在美国大萧条和二战时期扮演重要角色。

2　美国第 34 任总统，曾在第二次世界大战期间担任盟军在欧洲的最高指挥官。

斯皮尔伯格表示："它（大屠杀）是明摆着的事实，就像一个沿街行走、身穿红色外套的小女孩一样显眼，但是他们无动于衷——不去炸德国的铁路线、不去摧毁火葬场、不去减缓欧洲犹太人遭遇的'工业化'种族灭绝。所以这就是我给这个场景上色所要传达的信息。"

斯皮尔伯格通常是个冷静而健谈的人，但是他说到这里时声音变得激动起来。他希望人们知道，这个场景并非随意为之。事实上，它是这部电影的精髓。他强调称，拍摄本片从技术上讲并不难，然而它却是"我有生以来拍摄的情感上最艰难的一部电影"。

拯救他的精神、让他免于发疯的，是他的新婚妻子凯特·卡普肖以及几个孩子的陪伴。他们待在波兰对斯皮尔伯格的心理健康至关重要，特别是在他同时还要全程遥控参与《侏罗纪公园》后期制作琐事的情况下。"没有他们，我不知道我会做出什么事情。我不确定我在拍摄这部电影的时候会不会使用镇静剂之类的东西。"

"他们'营救'了我，"他说道，"我是说，这听起来可能很夸张——当我这么说的时候，我也觉得自己听起来很夸张，但根本不是那么回事。你知道，有人在家等我回来，有人让我倍感踏实。凯特和长女杰西卡在那段时间里是我生命中坚如磐石的支柱。"

影片的拍摄耗时 75 天，2300 万美元的成本相对低廉，尤其是考虑到超过 3 小时的最终片长。它在 1993 年 12 月上映时，大家或许不用动脑筋也知道它会取得惊人的成功：在获奖方面，它赢得了奥斯卡最佳影片、最佳导演以及多个其他奖项，还有丰厚的进账、如潮的好评——所有这些都完全是它应得的。事实上，我发现寥寥无几的那些持有异议的影评似乎是吹毛求疵，有点儿像是不希望斯皮尔伯格在影坛至高殿堂占据一席之地似的——尽管他显然已经做到了。

但是对斯皮尔伯格而言，这部电影的后续发展将会比它收获的认可更突出。它导致了大屠杀基金会的成立，这家基金会迄今为止已经收集了 52000 段大屠杀幸存者的回忆录像——它们在世界各地的教育机构中广为传播。"这是唯一

– 下一页：对斯皮尔伯格而言，这个场景是电影的精髓所在——纳粹没能抓住这个身穿红色外套的小女孩（奥利维亚·东布罗夫斯卡饰），影射了同盟国没能干预纳粹对欧洲犹太人的种族灭绝。

“对很多有勇气去看《辛德勒的名单》的幸存者而言，它让他们释放了很多东西。他们没有向子孙大讲他们躲避过的东西、他们在大屠杀中经历过的东西，但是他们会这样说：‘如果你去看《辛德勒的名单》，虽然它不像发生在我身上的遭遇那么悲惨，但是它会让你了解一点点我经历过的事情。’”

的我拍摄的电影带来了比电影本身更好的效果。《辛德勒的名单》开启了一扇大门，让人们能够审视大屠杀，或许是第一次审视它。而我带着后见之明回顾这部影片时，会这样想：它被拍出来，就是为了让大屠杀基金得以成立。在这方面，《辛德勒的名单》是我拍摄过的最重要的电影，而大屠杀基金会是我在社会上除家庭之外最重要的一项事业。”

《侏罗纪公园 2：失落的世界》

（1997 年）

“续集最困难的事情之一，就是它所承载的期待——你要超越第一部，而我所有的焦虑不安都在这里……你无法真正超越你自己。你只能讲述一个不一样的故事，然后希望这个新的‘麦高芬’[1]能像上一个一样引人入胜。”

– 下一页：《侏罗纪公园》上映 4 年后，《大白鲨》上映 22 年后，导演再一次和锋利的牙齿打交道。

1　一个电影用语，指在电影中可以推展剧情的物件、人物或目标。

他们回来了——至少是他们当中的一些人：杰夫·高布伦从配角升为主角；理查德·阿滕伯勒客串演出；当然，还有恐龙——它们种类更加丰富，气势汹汹地四处蹿来蹿去，脚步声“砰砰”作响。特效人员坚称它们因为“可塑性”而变得更加“真实”——我不明白，也不打算和他们争论。朱丽安·摩尔[1]是这场盛宴中新增的头号重要人物。

1　1960年—，美国女演员，代表作有《汉尼拔》《时时刻刻》《远离天堂》等。

– 拍摄恶人迪特尔·斯塔克（彼得·斯特曼饰）令人难忘（可以说是罪有应得）的死亡。这个雇佣兵被一群“细颚龙”袭击，它们狼吞虎咽地把他吃得一干二净，只剩下他的裤子。

– 上一页：暂别导演生涯四年之后，斯皮尔伯格品味重返片场和再次面对故事板的滋味。

摩尔饰演的角色是一位科学家，也是高布伦的女友，她在研究这些史前生物是否有可能出人意料地具有抚育后代的一面——它们偶尔会以笨拙的方式展露出这一面。同行的还有高布伦所饰角色的女儿，她时而被吓傻，时而又在情况不妙时展现出勇气和机智。

原来还有第二个繁殖这种生物的岛屿——它们就是从这里被运往第一部影片中被建设成恐龙大观园的岛。此外，除了影片鼓励我们去认同的这些善意的观察者，原来还有其他人也知道这个岛屿——他们是由皮特·波斯尔思韦特带领的一小队雇佣兵，按照协议要把恐龙带回文明世界来展出获利。这为《失落的世界》提供了合理的反面人物，基本上把它变成了一部动作冒险片，就像第一部那样。

这无疑是一部时时刻刻扣人心弦的影片，而且从任何角度考虑都不算糟糕——斯皮尔伯格没有失去以别出心裁的细节、精彩巧妙的编排展现动作场面的技巧，只是当时的影评人认为他在《辛德勒的名单》之后的确已经抛弃了这种幼稚的东西。

但是，这样的要求有些过分了。保持他以惊险场面中毫无意义的复杂性为乐的那种天赋，是至关重要的事情——在这部影片中，情况的确就是这么惊险：影片中间的那段重头戏让高布伦和摩尔被困在一辆拖车里，而一只恐龙一心想把这辆车推下悬崖。我觉得斯皮尔伯格必须去拍这样的电影，来证明他依然有这个本事。这和大卫·格里菲斯[1]在电影艺术发展的初期阶段遇到的问题类似——当他证明了自己拍摄“严肃”影片的能力后，他想要回归到那种俗不可耐的煽情戏。这些人都是爱出风头、善于作秀的人，他们需要保持自己的本性，而且我觉得

1 1875年—1948年，美国导演，对早期电影发展做出了极大的开创性贡献，代表作包括《一个国家的诞生》《党同伐异》等。

“在拍摄《失落的世界》的前几天里，我备感生疏。但是就像你重新骑上自行车一样，你很快就把功夫拾起来了——然后就能尝到妙不可言的滋味，你为 3 年没执导电影而自责不已。”

- 在新西兰和夏威夷考艾岛那些令人惊叹的外景地，摄制人员找到了他们的“失落的世界”。

- 下一页：在《侏罗纪公园》的续集中，斯皮尔伯格让一些恐龙离开岛屿，进入美国郊区，包括这只伤心的霸王龙（右手页下图）——它在圣地亚哥横冲直撞，四处寻找它被掠走的孩子。

– 诡异的历史博物馆：这些电子恐龙的皮肤之下不是骨骼，而是人类的非凡创造力，以及一套由气动装置和布线系统组成的复杂网络。

人们坚持让他们做其他事情是毫无价值的——凭什么要否定他们自己的乐趣呢?

还有一个因素也对这部影片产生了影响。斯皮尔伯格想要表现恐龙迈着重重的步伐在美国，确切地说是圣地亚哥郊区走来走去的情景。这不成问题。波斯尔思韦特和朋友们成功捕获了一只满口獠牙的巨兽，准备把它带回美国展出。它上了一艘船，掌控了这艘船并撞上了一座码头，然后很快就开始在各种错误的地方四处寻找它那失踪的孩子，把所有人吓得魂飞魄散。斯皮尔伯格独具匠心的一个例子是：加油站有一堆用来给美国76润滑油做广告的大球，恐龙把其中一个球从系绳上扯了下来，它欢快地沿着街道一路跳动。这场短短的戏由于导演把它扔出去而备显俏皮，而这在这只猛兽给不明所以的圣地亚哥造成的大片混乱中只是一部分。

当然，圣地亚哥最终重归平静，这多亏了麻醉枪发挥了作用。没人会坚称《失落的世界》是斯皮尔伯格的主要作品之一，但是从更长远的历史角度来看它也不会被忽略。它带我们进入了一场非常娱乐化的追逐，一幕幕场景像斯皮尔伯格以前的任何作品一样巧妙。然而我们应当注意到他不大会再走这样的路子了。他也会拍摄其他惊悚片，但是这些作品其实都会比这部影片更具内涵——这至少可以偶尔在表面上平息一下那些影评人对他的热望——他们希望他看在上帝的分上表现得像个成年人，而他的下一部电影非常明确地证明了这一点。

《断锁怒潮》

（1997 年）

“我让它变得有点儿干巴巴的，
它太像一堂历史课了。”

“在我心中，它和《紫色》占据了同一个位置。”——这是斯皮尔伯格对《断锁怒潮》的评价。这不仅仅是因为它也讲述的是黑人题材，不单单是因为它也刻画了被（正式或非正式）奴役的人，甚至不是因为它讨论了白人和黑人之间建立沟通的困难性。在《断锁怒潮》这部影片里，白人和黑人

– 监狱铁栏和拴奴隶的铁链是《断锁怒潮》中的主要意象。

之间根本没有任何共同语言——尽管如此，“语言”最终是这部影片最重要的主题。当然，是在对自由的普世性热切需求之外。

有意思的是，这部电影也起源于斯皮尔伯格的童年——当然，不是这个故事，而是他对它采取的态度。他生来就受到反犹主义的排挤，虽然并不激烈，但旷日持久。他曾经落脚的各个地方都没有足够多的犹太人使它变成一个大问题，事实上也没什么黑人。但是他的学校有很多印第安人，他痛苦地意识到了他们受到的种族歧视，他对此无法理解。斯皮尔伯格一家并没有参与这种歧视，他们崇尚和平共存，在生活中与人为善。他们唯一的儿子也是如此。他那时还不理解种族歧视，而现在当然也不理解。但有意思的是，他如今在讨论《断锁怒潮》时提出了这个问题。可能是因为对于他、对于任何电影制作人来说，这个故事在很多方面都是很难把握的。非常坦率地说，你必须不厌其烦地努力去做，即便你是史蒂文·斯皮尔伯格。当然，这也正是他对做成这件事情如此自豪的原因。

电影改编自一起真实事件。在 1839 年，阿米斯塔德号——一艘运奴船从非洲前往古巴，而辛克（杰曼·翰苏饰）带领船上的“货物”发动血腥叛乱，接管了这艘船。造反者们命令两名幸存的船员掉头回非洲，然而船员把他们带到了美国，他们最终在那里被俘。然而，在谁的法律能决定他们的命运这一问题上，司法界发生了规模惊人的大争论。阿米斯塔德号挂的是西班牙国旗，古巴有文件表明这些奴隶归他们所有，而英国船员声称他们有权挽回损失。这些奴隶听不懂关于他们命运的任何争论，但是他们无可争辩地身在美国领土上，所以他们的权利可能主要还是在这些法庭内。顺便说一下，还好他们听不懂诉讼内容——为那些要给他们重新套上铁链的人代言的律师所用的语言，是如此轻率、傲慢和残忍。

支持奴隶的是一群废奴主义者（摩根·弗里曼、马修·麦康纳等饰），他们将此案一路上诉到最高法院，约翰·昆西·亚当斯（安东尼·霍普金斯饰）在这里令人动容地（以及富有魅力地）陈述了此案——这位美国前总统如今是众议院里死气沉沉的一员，但平时那副老态龙钟的样子可能只是假象。

这部影片是阴暗的、静态的，而且不知何故对白很多、很嘈杂。但是，它

也有它独特的优秀之处。我怀疑除了斯皮尔伯格之外，恐怕谁也无法把这样一部毫无商业前途的电影拍出来。他的主题又是“需要沟通”，而表现手法是最为宏大和阴暗的一次。

首先，是他坚持要求所有人都说自己的语言这件事，这就需要令人讨厌的

– 这部电影讲述了语言的胜利，导演一定要准确地传达他的信息。

字幕贯穿始终，或者，如果没有字幕，那就得进行冗长乏味的翻译。斯皮尔伯格执拗地认为这是一种优势，这样的想法多少源于他的个人经历。“你知道，”他说道，“我发现在欧洲接受采访是令人兴奋的事情，比在美国用英语接受采访更加令人兴奋，因为当译员用采访者的语言告诉她我刚刚说了什么的时候，我就有机会思考，反过来也一样。

“当我们没有积极参与谈话的时候，我就有机会打量这个人，消化我说过的话，他们也有机会观察我消化他们回复我的话。我认为在一部观众们爱看的电影里，当所有一切都慢下来的时候，你迫不及待想听到译员要说的东西——此处有 17 秒的神秘感，它让观众感到兴奋。

“这就是法庭剧如此刺激和成功的原因，因为它会不停地提问又回答、提问又回答。它让我们得到有趣的答案，或者被答案难倒。我认为当有人用另一种语言翻译你说的话——在两个人不大理解对方、不大了解对方生活的情况下，然后他们突然间就理解了对方的意思，这时候观众也常常在不经意间恍然大悟。但是，这让观众有机会想到：‘我是这个故事的一部分——谢谢你把我包含在你的故事里。’”

它是一部历史题材影片，这不是特别有助于它作为法庭剧的一面——昏暗的灯光、古怪的服饰和过时的语言，这些特点有一种疏离的效果——直到它们不再有距离感，我们就适应了那个时代的习俗，然后终于意识到：影片的目标是达到一种能抵消这种让人抓狂的“巴别塔”[1]模式的情感高潮。

这一刻出现在约翰·昆西·亚当斯向最高法院做的那一番长篇精彩演说中。发生了这么多误解、这么多次沟通失败（有一些是存心的）之后，一个精明的老头儿来了——他用一口美国方言讲出了巧言妙辞，集随和、自嘲、高尚于一身，而且极具原则性。亚当斯意识到，“阿米斯塔德号”一案会对美国爆发内战（其实也就是二十年之后的事情）起到推波助澜的作用，而且亚当斯语出惊人地表示，如果这是能把奴隶制这个污点从美国社会根除掉的唯一方法，他欢迎这样的事情发生。最后，在这部主要讲述语言障碍的电影里，语言获得了胜利。客观地讲，

1　又称通天塔，是圣经故事中人类为抵达天堂而联合兴建的高塔，上帝为了阻止这一计划而让人类说不同的语言，于是巴别塔由于人类之间无法沟通而没能建成。“巴别塔”常被用来比喻人与人之间因语言不通而产生的隔阂。

– 杰曼·翰苏（饰辛克）在阿米斯塔德号上，心生造反之意。

– 下一页：摩根·弗里曼饰演西奥多·乔德森——一个获得自由的奴隶，后来做航运生意发了财。作为废奴主义的领军人物，乔德森代表这些奴隶游说约翰·昆西·亚当斯。

这次令人期待已久的胜利也是传统美国修辞艺术的胜利。它因为随和中不失优雅而更受欢迎，并且重申了斯皮尔伯格式的伟大主题：我们必须学会准确而雄辩地讲出我们的想法，否则民主就难逃失败的厄运；此外，我们在其他很多事情上也应当理性地对别人讲话。

影片中还有一段稍逊一筹的戏，不过是在完全不同的方面。我们一直没有看到是什么驱使这些奴隶铤而走险发动叛乱。在对话中当然有一些提示，但是我们没有看到像所谓"中段航道"[1]

1 "Middle Passage"，运奴船从西非到西印度群岛、横渡大西洋的航程。

那样的恐怖之处。然后，在影片播放了很久之后，我们几乎是无缘无故地突然陷入噩梦——鞭打、自杀、惨无人道的拥挤环境，几十个人在就连肮脏的劣质食物也不够的时候惨遭抛弃。这段戏如此吓人，如此持久，不亚于斯皮尔伯格拍过的任何类似场景，比如在《辛德勒的名单》中。它极具震撼力，能让人从那种偶尔会给这部对话很多的电影造成威胁的自满情绪中跳出来。

影片的结局不是特别圆满，人道主义精神没有获得胜利。辛克和其余叛乱者获释后被送回了他们在非洲的家乡。他找不到自己的家人，而电影推测他们可能也被卖做了奴隶。孑然一身的辛克消失在“黑非洲”的广袤土地上，再也没有出现过。没错，塞拉利昂的一处奴隶监狱要塞——这个丑恶行当的核心据点——被一艘英国战舰炸毁，给影片带来一个巨大的高潮。但是我们都知道，要想治愈阿米斯塔德号事件以及成百上千类似事件留下的伤疤，还需要一场内战和超过百年的痛苦调解。时至今日，这个调解过程仍未结束。

这部电影在有些地方很粗糙，没有被打磨光滑。斯皮尔伯格当然知道它

> “我当然觉得我受得了被我搬上银幕的任何画面，即便是历史画面。但是它们有时让人难以直视，尤其是在它们活生生地在你眼前上演的时候。”

并不具备取得商业成功的要素（最后它不过是不赔不赚而已，即便成本相当低廉——可能只有4000万美元）。当人们描述他的职业生涯时，它不会经常被提起。但是，这是他拍摄过的最痛苦、最严肃的电影之一。

- 上图：斯皮尔伯格和饰演美国前总统约翰·昆西·亚当斯的安东尼·霍普金斯交谈，后者发表了这段在这部不乏对话的影片中最令人难忘的演讲。

- 下图：和马修·麦康纳一起进行最后的准备，后者饰演废奴主义者罗杰·谢尔曼·鲍德温。

- 下一页：最终获释的奴隶们回到了非洲，但是人道主义精神并未获得胜利，这在斯皮尔伯格的影片中很少见。

《拯救大兵瑞恩》

（1998 年）

“《拯救大兵瑞恩》是向我爸爸献的礼，这百分之百是献给我爸爸的。当我获得奥斯卡奖时，我说：‘爸爸，这是给你的，这是属于你的。’很多年前，我就告诉爸爸我会为他拍摄一部二战电影。”

– 上一页：标志性的海报——全副武装的兄弟们。

“这是我体验过的最棒、最棒的与演员合作的经历。我可以斩钉截铁地说，是我体验过的最棒的经历。”

–“我为自己如此乐在其中而深感愧疚。”指导饰演米勒上尉的汤姆·汉克斯。

–下一页：在奥马哈海滩上对军队讲话。

“在我有经纪人的几十年里，这是唯一的一次经纪人真的给了我一个我最终去执导的剧本。”斯皮尔伯格笑着说道。他觉得罗伯特·罗达特的初稿有一些问题，但是他多年以来一直希望拍摄一部二战题材的战争片，当然他也为此读了大量的书、故事、剧本并且看了很多电影，而罗达特的剧本最接近他心中的理想。“当我读到这个剧本时我心想：‘就是这个了。’巧的是，剧本同时也被送到了汤姆·汉克斯那里。我读了这个剧本，他也读了这个剧本，然后我们在电话里说，咱们一起干吧。所以，这是发生在一天之内的事情。”

这部电影拍摄了好几个月，但是这段时光在斯皮尔伯格看来并不算艰苦——在生理上当然很艰苦；但是在情感上，他发现自己非常享受这项工作。这在一定程度上是因为影片是他发

“我想让观众对那些新兵的经历感同身。他们刚从希金斯登陆艇上下来，之前从未见过战斗，95% 的人从未见过。一切混乱不堪，而我试图把这种混乱搬上银幕。”

自内心地献给父辈的——那一代人又被汤姆·布罗考[1]称为“最伟大的”一代，但是阿诺德·斯皮尔伯格对影片颇有微词。“但是史蒂文，”老斯皮尔伯格说道，“你没有讲我的故事啊。第 490 轰炸机中队呢？那些飞越驼峰[2]的人呢？我那些在飞越驼峰时失事的朋友呢？”对此斯皮尔伯格回答道：“‘爸爸，你说得没错，我没讲那个故事，但这部影片是献给你们这一代人的。’我真的是为了爸爸而讲这个故事的。”

总体来说，这是一个非常简单的故事。在这场战争中，如同在每一场战争

– 俯瞰影片虚构出来的小镇哈梅勒的片场——盟军和纳粹德军在这座满目疮痍的小镇打了一仗。

– 上一页：这些撼人心魄的剧照描绘了海滩登陆，这一事件占据了电影的前 25 分钟，“如此激烈，让你全身上下的肌肉紧缩成一团”，《华盛顿邮报》如是评论道。

1 美国著名新闻人士，著有《美国最伟大的一代》及其续集《美国最伟大的一代如是说》。

2 “驼峰航线”是二战时期中国和盟军一条主要的空中通道，跨越世界屋脊喜马拉雅山脉，在 1942 年到 1945 年运送了大量的战略物资，为打击日本法西斯做出了重要贡献。

中一样，一些家庭把他们所有的儿子（有时多达四五个）都奉献给了军队。比如沙利文兄弟、尼兰兄弟，这就增加了他们在战斗中全部牺牲的可能性，而事实上，这种事情的确发生在沙利文兄弟身上。在这部影片中，汉克斯饰演的米勒上尉带领一支九人小分队，受命去寻找瑞恩家幸存的最后一个儿子并把他带到安全地带。这是一项优先级很高的工作，美国陆军总参谋长乔治·马歇尔亲自过问此事，甚至读了亚伯拉罕·林肯写的一封信来鼓舞士气——林肯在美国内战期间也面临过类似的问题，当时那个士兵叫比克斯比。

他们的任务看上去不是特别危险，至少一开始是这样的，甚至还有大家说说笑笑的时候：在很短的一段时间里，他们自行其道，不用听从自上而下的指挥命令。尽管如此，影片效果还是完全依赖于逼真的战争场面，特别是开头诺曼底登陆日的滩头激战，还有结尾那场虚构的猛烈交火，以及汉克斯的表演。

“我想大多数家庭都希望他们的男孩成长为汤姆·汉克斯。”斯皮尔伯格说道，“我想这是全美国人民默默放在心里的一个愿望，可能在世界上其他地方也是如此。”在斯皮尔伯格看来，如果说有什么男演员可以和他比肩，那可能就是吉米·史都华[1]了。对米勒上尉的描述是：“他很强壮，但也很单纯——一个杰出的领导，但也富有同情心。”

他还是个有秘密的人，他的秘密包括一件最基本的事情——他的平民生活（影片最后告诉我们，他曾经是一名教师）。但是米勒上尉身上最重要的东西，是他在地狱般的战场上虽然和身边的人一样害怕，但依然奋勇向前。他的表演颂扬了美国式的尽责精神，但又丝毫没有标榜英雄主义。

电影开场用 25 分钟左右的时间设定了米勒执行任务的背景条件——1944 年 6 月的诺曼底登陆日。我认为这是电影史上最伟大的战斗场面，能与之媲美的可能只有影片结束时的那场战斗（后文会对此做更多讨论）。它如此贴切、如此沉着冷静地表现了那种惧怕和惊恐，驳斥了那种认为斯皮尔伯格骨子里喜欢感情用事的看法。

1　詹姆斯·史都华，1908 年—1997 年，美国电影巨星，代表作有《史密斯先生到华盛顿》《迷魂记》《费城故事》等。此外，他还是二战期间赫赫有名的空军英雄，并在 1959 年晋升为准将，是史上军衔最高的好莱坞影星。

但是，从技术上讲，这是一场对他而言并不典型的戏。“这件事我完全是跟着意识走的，没有故事板，也没有预先构想好的画面。我的做法都是从这儿来的（拍了拍他的脑袋），依据是我读过的关于那一天奥哈马海滩‘绿狗’区幸存者经历的所有文字。”他并不知道这段戏要拍 24 天——人们会找他询问下一周要干些什么，而他回答不上来。“我刚刚来到海堤，还没有登上维耶维尔[1]。这件事从头到尾都是在一种非常安全、理性、可控的方式下进行的，不过是即兴发挥的。我不知道接下来会发生什么，就像在真实战斗中一样。”

这段惨烈无比的战场戏引发了和《夺宝奇兵》开场几分钟同样的问题：电影剩下的部分能达到这个水准吗？在这段戏之后，影片安静下来，开始寻找大兵瑞恩。

有喜剧、悲剧、错误的指引——20 世纪 20 年代以来小团队战争片的所有元素一应俱全。效果尤其出彩的一点，是米勒上尉向汤姆·赛兹摩尔饰演的霍瓦特中士吐露心事的方式。如斯皮尔伯格所说，他对于米勒就像伊萨克·斯特恩对于奥斯卡·辛德勒：一位良师、一位决策顾问，他可以向这个人倾诉那些正在蚕食他心灵的东西——阵亡人数统计、死者留的家书、收集士兵身份识别证。“他需要找个人说说话。”斯皮尔伯格说道。不然他身上的谜题——他这个角

1 法国下诺曼底大区的一个市镇，位于奥马哈海滩的西端。

– 从左到右：亚当·戈德堡、杰瑞米·戴维斯、汤姆·汉克斯、马特·达蒙、杰奥瓦尼·瑞比西和汤姆·赛兹摩尔。

– 上一页：在一场逼真的小规模战斗中躲避敌军火力。

色的一大重要特点会埋藏得太深，以至于无法博得我们的同情。

米勒小分队里的其他人都是电影中常见的那种标准的美国大兵，有犹太人、意大利人等等。这是影片制作者有意为之的一个决定。“如果你像我一样看过这么多二战电影，你不可能不让它们影响到《拯救大兵瑞恩》。让它不受所有那些年代久远的好莱坞式战争片的 DNA 影响，是不可能的事情。”所以，这部电影也诠释了这一类电影的传统风格，而在我看来这绝不是缺点。如果不这样做，就是一种对“伪历史”的背叛，而后者正是影片汲取力量的一大源泉。当我们试图把我们共同的过去搬上银幕时，我们难免会陷在历史里，即便是并不悠久的电影史。

我们在对比影片开头和结尾的战斗场面时，会遇到有争议的历史问题。登陆日这场戏在这方面有优势，因为它以虚构的方式描绘了美国历史上一页伟大的战争篇章。你不可能回避它（当然，斯皮尔伯格也没有回避）。它有着真正史诗般的规模，而更重要的可能是它的问题非常明确：部队必须占领滩头阵地，

“我觉得每个国家都应当讲述关于他们自己历史的故事。英国人无疑已经拍摄了一些关于二战的伟大故事，我想我们也有责任尽可能多地讲述我们知道的故事和我们自己的故事，而且我们也期待其他有故事的人这样做。”

要么就会被逼退到海上，面对赤裸裸的失败。

结尾处在小镇哈梅勒这场虚构的战役问题更为复杂，因为这是一场令人晕头转向的肉搏战，根本没有清晰的计划，你直到最后才知道谁输谁赢。但是斯皮尔伯格关于它对情节发展的作用说得很好：“在第一场战役中你不知道那些角色是谁——除了汤姆·汉克斯，每个人对观众来说都是无名之辈。两个小时后，情况就不是这样了。观众在这些士兵身上投入了时间，这场战役抓住了观众的

– 汤姆· 汉克斯由于饰演品格高尚的米勒上尉而获得奥斯卡提名。这是少有的宁静时刻。

个人情感。他们别无选择，只能深深牵挂这些男人的命运——他们已经开始深深牵挂，甚至爱上这些男人了——当然，尤其是米勒上尉。”

他成功完成了任务，大兵瑞恩（马特·达蒙饰）被找到了（当然，他不愿离开他的战友），但是米勒身负致命伤，他在弥留之际躺在瑞恩旁边，喃喃道出了完美的遗言：“别辜负大家。”意思是几个人为了找到他而冒了生命危险（并失去了生命），他欠他们一条命，而且不是随便什么样的一条命——瑞恩欠他们一个美好的人生。电影没有告诉我们他是否实现了这个目标，但是我们会情不自禁地觉得他做到了——不一定非得是功名累累、被传为佳话的辉煌人生，但一定是如能活下来的米勒上尉会过的那种人生。

电影杀青时，斯皮尔伯格对它没抱特别高的希望，他认为它太暴力了，恐怕很难受大众欢迎。他觉得它凭借汉克斯的吸引力，有可能在上映首周末收获佳绩。但是，票房对他来说没那么重要。和摄影师贾努兹·卡明斯基、剪辑师迈克尔·卡恩以及众多演员一样，他“感觉我们做出了一项贡献。我想这部影片会告诉观众，士兵们在战争的地狱之火里到底经历了什么。而这就是我最大的目的：把这部电影拍得尽可能粗暴艰苦，从而在讲述这个故事的时候让观众们无时无刻不对这些战斗感同身受”。

完成粗剪后，斯皮尔伯格能看到他已经完成了这个目标。“在我把暴力画面放到银幕上的经历中，这是最残忍的一次，尸体四分五裂，你知道，仿佛失去了灵魂。”

但是，一个非常可怕的想法在他心头挥之不去。“在拍摄这部电影时，有一次我对汤姆·汉克斯说：‘我为自己拍这部影片时如此乐在其中而深感愧疚。’”在我看来，有一场很短的戏可以代表他的快乐：几个被俘的德国士兵被带往队尾。米勒小分队的一个犹太人冲到他们中间，在他们面前挥舞着自己的士兵身份识别证——这个证件当然写明了他的宗教信仰。他得意扬扬地朝着一脸茫然的俘虏们大叫：“犹太人！犹太人！”这一幕就其本身而言很有喜感，不过不大可能真的发生。但是，这依然是非常有力的一幕。

或许还有其他更宽泛的因素让斯皮尔伯格很享受拍摄这部影片。在某种程度上，动作大片的导演们都明白那些最终在银幕上看起来很可怕的东西不过是骗人的花招，他们有时候会在蒙蔽我们的双眼时享受到一种近乎孩子气的快乐。

斯皮尔伯格坦言自己还是个郊区的小孩时就想拍战争片，而他如今炉火纯青的特技功力已经远远超越了他当年通过天真的双眼看到的东西。他承认这或许是让他快乐的一部分原因，但是这并不能很好地解释他的兴高采烈从何而来。

《阿拉伯的劳伦斯》（他极其欣赏的一部影片）中的一幕为他提供了他能想到的最佳解释：T.E. 劳伦斯站在一个房间里向亚伦比将军汇报他的冒险经历。“还有件事情。”他说道。“请讲。”亚伦比说道。我们注意到劳伦斯在发抖。“我杀了一个人。”劳伦斯说道——这对于久经沙场的军人来说没什么大不了。“你不得不这样做。这是你的职责。”“没错，但是还有件事情。”“什么？”“我觉得很享受。”

但是，斯皮尔伯格享受到的乐趣也伴随着一种风险，那就是他想要发出的信息。《拯救大兵瑞恩》效果实在太好了，最后令人无比沉痛，因为米勒小分队的成员们都是如此正直的美国孩子。如果说影片中有什么虚假之处，那就是连一匹害群之马都没有。但是，这种杜撰是我们可以接受的，是对我们来说很有必要的——真的，如果我们还想继续相信军事上的必要性，尤其是在一个上演着不必要的糟糕战争的年代。有人认为，总有一天我们会重新需要这部影片中体现出的美德。

而在斯皮尔伯格看来，这些美德是非常简单、近乎于陈词滥调的东西。例如：“当你和退伍军人交谈时，他们会说：‘我回首往事时当然可以说，我打仗是为了拯救西方民主。但是当我进行最激烈的殊死搏斗时，我打仗是为了救我旁边散兵坑里的战友。’”我们如今讨论战争时，对于这种想法再熟悉不过了。能让它变得有新意、有意义的，只有斯皮尔伯格赋予这部电影的那种无比坚定的信念，而且从不用过多语言来表达它。

他的另一个看法也是如此：在现代战争，也就是通过电视转播的战争中，“我们不会对那些死者和伤者产生个人情感，我们并不认识他们。而在《拯救大兵瑞恩》中，我希望我们一定要了解那些曾经被我们抛在脑后、曾经为国捐躯的士兵，希望我们一定要明白他们每个人都抛下了什么，明白所有人心中永远无法填补的缺憾”。

如果换一位导演接手，这可能又是一个不怎么复杂的想法。有件事情我们

- 上图：在地堡里和马特·达蒙饰演的大兵瑞恩并肩作战。

- 下图：为大兵瑞恩阵亡的一幕做准备。

怎样强调都不为过：斯皮尔伯格虽然表达能力那么强、技术技巧那么高超，但骨子里依然是一个非常单纯的人。这就是他与观众分享的东西（我们该叫它什么？或许是道德？）。在《拯救大兵瑞恩》一片中，这种东西有助于观众消除像“哦！不过又是一部战争片”这样的疑虑。

这部电影上映时，斯皮尔伯格放在电影开头和结尾的两场戏引发了一场“争论”。在这两场戏中，我们看到一位上了年纪的二战老兵在诺曼底美军公墓里寻找一座坟墓。如果我们在电影的动作大戏开始上演时思量一下，我们会猜想他就是大兵瑞恩，饱经岁月风霜的脸庞已经让人认不出来，而他寻找的坟墓就是米勒上尉的。

这些桥段对那些铁石心肠的影评人（当然，他们大多数时候很认同那些最糟糕的好莱坞“糨糊”）来说太过煽情了，他们好像觉得这背叛了这部电影无比严肃的主旋律。但是，斯皮尔伯格对这种看法不屑一顾。

“如果我不得不把它重拍一遍，我还会用一模一样的方式来拍，因为它是为老兵们拍的。而且喜爱片头、片尾桥段的人事实上正是这些老兵，因为他们把影片放到了当时的环境中，通过让一位老人前往诺曼底的美军公墓扫墓，向我爸爸致敬，向身为最伟大的一代的所有爸爸致敬，有惊人的效果。”

说实话我也深有同感。那座公墓我去过两次，它每次都能打动我，尽管我也说不出缘由。细想一下，我们的电影里、我们的所有小说里都留出了空间给那些情感更加充沛得多的惊人场景，即便这样做很煽情。不管怎样，大众很吃这一套，而且大部分时候都能心平气和地接受它。如果他们多关注一下这部影片，就会发现它还有其他大量的可取之处。

大大出乎斯皮尔伯格预料的是，这部影片不但票房回报颇丰，还赢得了评奖者们恰如其分的普遍认可。在此前很长的一段时间里，没人拍出过这样的战争片——从这一电影类型的需求来看，它是如此壮观；而从不能单纯打打杀杀的需求来看，它又如此令人肃然起敬，它试图讲述有价值的东西，不但讲述宏伟的目标，还讲述那些被迫卷入战争的人，他们必须在战争中找到某种价值，不然就难免会变得愤世嫉俗或者更糟。它即便不是斯皮尔伯格的最佳作品，也是他的最佳作品之一，因为它直面了电影界某些最老套的陈规，而斯皮尔伯格以满腔热血向这些陈规发起的猛烈攻击使得我们相信，至少在观看这部影片时

“从历史的角度来看，第二次世界大战似乎有明确的盖棺定论，或者说是一场黑白分明的正邪之战。但是在一场战争中、一场战役中，情况严格说来是非常混乱的，在个人方面也是非常混乱而且非常矛盾的。当我们站在历史的立场上进行回顾时，我们可以说：‘噢，二战让好人和坏人成了泾渭分明的两派。’但是在战斗中，这个问题从来也没有这么清晰。对于打仗的士兵来说，这可能会令人非常困惑。”

相信在非同寻常的压力之下，普普通通的人也有潜力、有能力做出高尚之举。在说到这一点时，斯皮尔伯格这样提起这部影片所歌颂的正在迅速逝去的那一代人：“你必须理解的是，这些人在他们的余生中一直背负着那些画面。我们可以买电影或者租电影来看，但是他们却永远无法摆脱他们的回忆。”

– 电影开头和结尾的现代场景拍摄于诺曼底美军公墓，一些评论人士认为它过于煽情，但是斯皮尔伯格对此表示强烈反对。

《人工智能》

（2001年）

“我觉得在斯坦利·库布里克看来，唯一的一次我俩感到有共鸣的时候就是《人工智能》——给我打电话的正是斯坦利，他是第一个对我说‘我想让你看看我写的方案’的人。”

- 下一页：海报上的字体巧妙地表达了电影的“人造人”主题。

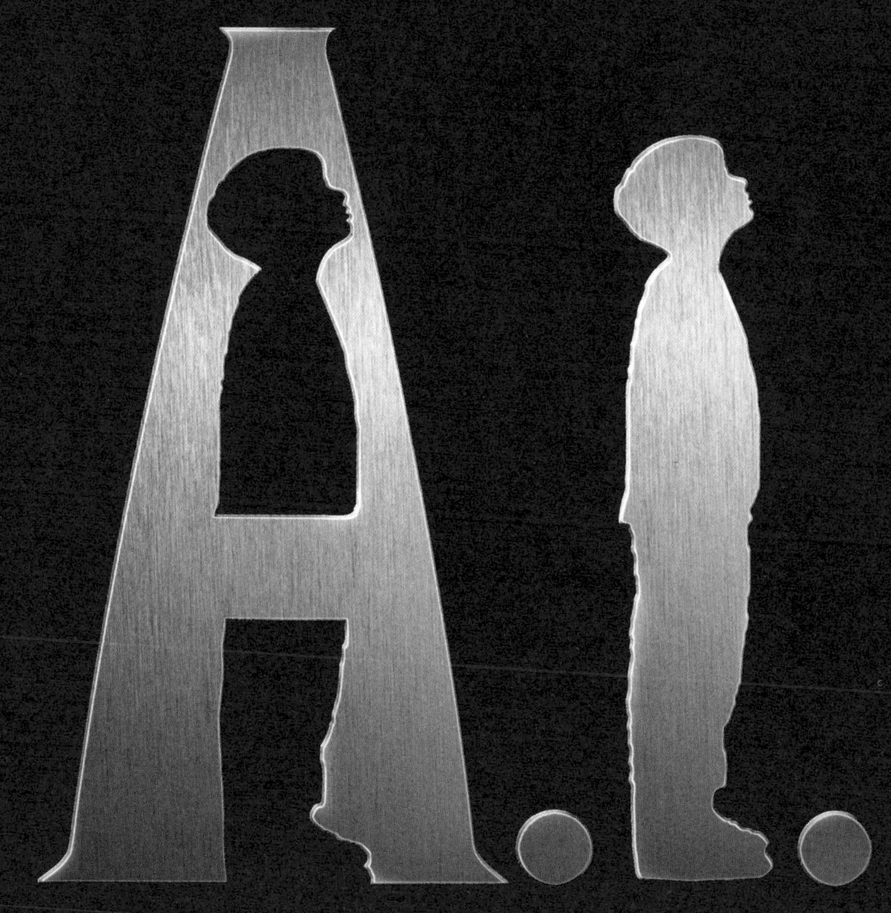
A.I.

– 根据斯皮尔伯格的说法，海利·乔·奥斯蒙特奉献了“在我所有电影中最棒的演出之一”。本页照片为：他和导演对话。

《人工智能》的幕后故事差不多和影片本身一样戏剧化。斯坦利·库布里克[1]在20世纪80年代选中了布莱恩·奥尔迪斯写的一个短篇故事《整个夏季的超级玩具》，并且从未放弃它。在20世纪90年代，他一度非正式地找斯皮尔伯格来做这个项目，再三坚称斯皮尔伯格比他自己在情感上更适合它。话虽这样说，库布里克却为这部影片写了一份95页的方案，还委托别人绘制了大约2000个故事板。斯皮尔伯格坚持是库布里克搭建了本片的

1 1928年—1999年，美国著名电影导演，代表作有《奇爱博士》《发条橙》《2001太空漫游》《闪灵》等。

基本结构，尽管他在库布里克 1999 年突然离世后填补了许多空白并写成了这个剧本。

他们的合作也有幽默的一面。库布里克是个至情至性的人，但和媒体描绘出的疯狂形象相去甚远，他通常对媒体避而远之。他并不像记者们认为的那样深居简出，他才智非凡，极具理性，只是时间观念极其模糊——跟大多数人不在一个点儿上。例如，斯皮尔伯格在卧室里装了一台传真机，专门用来接收库布里克的消息，结果发现自己被它“咔嗒咔嗒”的工作声闹得整夜不能眠，它很快就被从卧室“驱逐”到另一个房间。有那么几次，斯皮尔伯格发现自己和库布里克在电话里一聊就是八个小时，在这个过程中午饭和晚饭只是随便吃了点儿东西。

他一点儿也不介意。库布里克（我认识他并且非常喜欢他）是个极具吸引力的演说家，在慷慨陈词时（很多时候都是这样）有一种令人无法抗拒的力量。在库布里克看来，他俩这么多年来一步步构思出的这个故事更适合斯皮尔伯格而不是他自己。时间设在 2142 年——那时许多海滨城市（纽约、威尼斯等）都已经被淹没在水中。但是，这场生态灾难中的幸存者们在温暖而干燥的内陆造出了一种机器人，这些“机器”在外表上和人类没什么差别，不过他们注定是为人类服务的阶层。最终，霍比教授（威廉·赫特饰，他那种不怒而威的演员

– 左图：和裘德·洛在一个狭小的角落里，后者饰演的机器人舞男乔的舞姿和动作很完美。

– 右图：透过以海利·乔·奥斯蒙特的脸为模型制作的面具上的眼洞拍摄的镜头片段。

《人工智能》讲述了整个人类种族的灭绝——人类最终被自己一手制造出来的‘弗兰肯斯坦’[1]们取代，而人类当初制造出一个可以爱你的男孩是为了满足自己的贪念。但是这个男孩本身并不是人类，他只是接近于人类而已。一个被当成替代品的私生子几乎就是一种犯罪，而人类种族为这种罪行付出了代价。所以，我觉得这是一个非常悲惨的故事，而且我觉得我尽可能地忠于斯坦利·库布里克的构想。”

气质这一次终于令人叹服地为他饰演的角色服务）造出了第一个人造儿童——大卫（海利·乔·奥斯蒙特饰）。根据决定，大卫将被哈利和莫妮卡·斯温顿收养——这对夫妇的孩子在低温恒温器中昏迷着，直到困扰他的疾病有了有效治疗的方法才能被唤醒。

斯皮尔伯格个人坦言，大卫是他的“迷失男孩”中最迷失的一个，因为他甚至不是一个真正的男孩，只是模拟了人类。他同样有真实的情感——这份情感以他对他的养母的爱为中心，而斯皮尔伯格认为她并没有真正去爱这个男孩。他对她来说只是一种玩具，是那个昏迷中的孩子的替代品。然而，她亲生的孩子突然被治愈并苏醒了，然后成了一个小肚鸡肠而工于心计的孩子，他的诡计最终使得母亲把大卫抛弃在一片黑暗的森林里，陪伴他的只有一只会走路、会说话，并很聪明的泰迪熊——在这个与《木偶奇遇记》颇为相似的故事里，它

– 下一页：在前往纽约的途中，大卫和泰迪（下图）遇到了各种各样的艰难险阻，包括惨无人道的“机器人屠宰场”。他们终于抵达目的地时，却发现整座城市已经被海水吞没（上图）。

1　西方第一部科幻小说《科学怪人》中的主角，已经成为英文中的一个术语，有“制造某样东西反而因此受害”的意思。

的作用有点儿像小蟋蟀杰米尼。在斯皮尔伯格功力炉火纯青的一场戏里，大卫被抓到了一个非常可怕的机器人屠宰场——这里是人类对人造人进行残忍虐杀的地方。他还遇到了一个名叫“舞男乔”（裘德·洛饰）的人造人，他在本片中就像他名字暗示的那样，是个不停跳舞、装腔作势（被刻画得非常精彩）的角色。他们最终到了被水淹没的纽约，大卫希望在这里见到蓝仙女，他认为她能帮自己实现得到母爱的愿望。

他确实找到了她，但是那时候他和泰迪被困在了海底，在那里沉睡了2000年，直到被一群人造人拯救——他们让他重获新生，并实现了他的愿望——与他的（被数字化再造的）养母有了一次温情脉脉的相处。他们终于相亲相爱地在一起度过了美满的一天。

尽管情节看似很复杂，影片的推进方式其实非常明快和连贯，寓意也相当简单：爱是世界上最强大的力量，它不能被视为儿戏。而爱的结局即便像本片中那样不尽如人意，也足以满足一个渴盼爱的孩子（不管大卫到底是什么）。

不过，这也绕过了影片上映时引发的一些很有意思而又存在一定争议的问题，它们大多牵扯到斯皮尔伯格和库布里克之间的合作性质，以及谁的构想对最终的影片影响更大。

结尾是最受关注的焦点。“人们认为斯坦利会让大卫和泰迪熊被困在水底，以此结束《人工智能》一片。”斯皮尔伯格说道，“他们会在下面一直待到电池耗尽，然后片尾滚动字幕就出来了。”

“他们认为斯坦利会让影片在这里结束，而我当然受到了批评，因为我把影片移到了2000年后的未来——到那时，我们创造的机器人已经取代了我们，超级机器人统治了世界。他们认为我毁掉了斯坦利的电影，而事实上，斯坦利当初的方案本来就描述了2000年后的未来，本来就描述了由我拍摄的斯坦利的故事中的每一刻。我来写剧本，是因为斯坦利没能活到把这部电影拍出来，但是这些想法都是斯坦利的。”

库布里克的想法，是把焦点集中在最暴力、最惨烈的机器人屠宰场。斯皮尔伯格认为，他本来也会让整部电影以这次“大屠杀”般的事件为中心——人类消灭机器人是“因为他们太害怕自己的身份、自己的工作被为他们服务的这一群男男女女——所有这些可怜、无助的机器人抢走”。他坚称库布里克的故事板让这场戏看上去像一场发生在22世纪的大屠杀。

更重要的是，这就以最赤裸裸的、最淋漓尽致的暴力语言提出了这部电影最基本的问题。“它针对有知觉的行为和玩具娃娃的行为之间的区别，向观众提出了问题：你的道德判断将会落向何处？你会如何评判那些外表和行为都很像我们的生物？”

“你知道，”斯皮尔伯格补充道，“我觉得很多人都质疑人工智能的基本准则——你会爱隔壁邻居做出来的某件东西吗？你会爱你的玩具娃娃吗？你会爱你的芭比娃娃吗？是的，你会的，在你还是个孩子的时候。但是，一个母亲会爱一个外表和行为都很像真人的芭比娃娃吗？”这的确是个深刻的问题。其实，库布里克比斯皮尔伯格更习惯于提出这种问题。我认为，斯皮尔伯格那些最好的电影提出的都是有答案的问题。他们的道德观提出了相对直白的问题，而那种问题是拥有正常情感的人都会认同的。《人工智能》不是那类电影，它的结局是开放式的。我们大可以认为，如果一个像大卫这样的生物发出鸭子般的“嘎嘎”声，那么他无论怎么看都是一只鸭子。反之，我们也大可以相信他由100英里长的电线和电路组成，这些东西是构不成灵魂的。因此，我们大可以随心所欲地虐待它和它的同类。我们可以抛弃它们，可以毁坏它们，并且不会受惩罚。

但是，目前还没有人在人体解剖结构中找出灵魂所在的地方。我们相信它存在，或是不相信。这就提出了关于人类生命存在性的核心难题——对于它，我们没有答案。更具人道主义倾向的斯皮尔伯格明显愿意接受大卫已经拥有完善人性的可能性，他似乎辩称库布里克和他意见一致，不过我对此不是很确信。库布里克在情感上显然更加阴暗，我认为这就是他一直极力主张让斯皮尔伯格执导这部影片的原因。可能他根本无法让自己的内心接受那个并不明确的幸福结局——尽管斯皮尔伯格坚称，让养母养子共度美满一天的设想从一开始就是库布里克影片计划的一部分。

或许，这说到底并不重要。这部影片如我之前指出的那样，是一个相对直白的故事，讲的是一个男孩（你无法不认为他是人类）在近乎地老天荒的漫长岁月里寻求得不到的爱，最终只收获了无比微不足道的一丁点回报。然而，剧

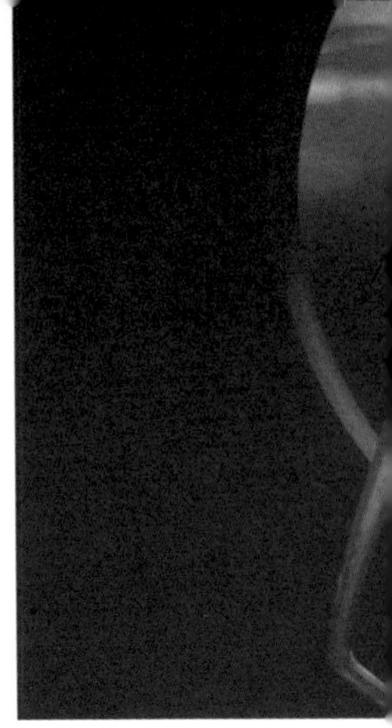

情设计得很精妙，既错综复杂又意外不断，会在突然之间转向恐怖、悲伤和黑色幽默。而在表演方面——特别是裘德·洛和海利·乔·奥斯蒙特，影片也令人惊讶。关于前者，斯皮尔伯格说道："他的舞姿和动作很完美……转转头、动动手的样子都演绎得很完美，连一个多余的动作也没有。"不过，这并不仅仅是技术上的成就。他同时拥有多重面目：阴险的舞男、踢踏舞高手，仿佛黑暗歌舞杂耍剧的演员，有时候又对和他一路相伴的那个男孩有情有义。

至于海利·乔·奥斯蒙特，斯皮尔伯格认为他奉献了"在我所有电影中最棒的演出之一"。他也演绎了一个坚毅顽强的角色——他从未乞求同情、流露恐惧或是做出妥协，只是勇敢地不断地努力前进。据说，正是奥斯蒙特向导演提议让自己的角色从不眨眼——真的，一下也没眨。这是能表明他并非真正人类的唯一迹象。

库布里克曾经认为大卫，可能还包括所有机器人，都应当用数字技术呈现。斯皮尔伯格回想起来也赞成这种看法，尽管他对奥斯蒙特的表现赞赏有加。这样会更加令人困惑，可能会让观众产生不安的联想。但是，当时的技术水平还没有发展到那样的程度。恐龙可以这样打造，而人形机器人还不行。

最后，我觉得这也没那么重要。这是电影工作者们可能会偶尔琢磨一下的那种假设性问题，但是对现有效果心满意足（当电影不错时）的观众们对此并不是非常关心。我个人的判断是《人工智能》可能是斯皮尔伯格最复杂、难度最大的一部电影，提出了最难以回答的问题。此外，尽管它有很多柔情的幸福

画面（斯皮尔伯格施展其个人魅力的冲动从未彻底平息，不过他可以像在本片中这样对此加以控制），它依然是一部残酷无情的影片。细想一下，那个“幸福”的结局其实没那么幸福。影片中把人类表现得非常丑陋，却颇具讽刺意味地把机器人刻画得很善良、很有人情味——这是库布里克式的手法，不是斯皮尔伯格式的。归根结底，这部电影终究需要斯皮尔伯格给它带来一些温情，否则会让人几乎无法承受。

事实上，它并没有让人无法承受。它在影评人当中赢得了普遍好评——用他们的话说，它是一部冷酷的影片，但是却以成熟的方式探讨了模棱两可的严肃问题。没人会误以为本片是一部温情之作，或是误以为它在故事的内涵之外拼命地挖掘更多的温情特质。它的全球票房还不错，这是它应得的。平心而论，它并不是一部我很期待为了写这本书而重温一遍的电影，但是我很高兴可以温故而知新。结果表明，斯皮尔伯格非常善于接受永远没有答案的东西。斯坦利·库布里克如能活着看到这部电影，也会赞同这一点。

– 上一页：大卫在被淹没的康尼岛[1]找到了蓝仙女。

– 右图：被困水底，2000 年之后，未来的人造人让他重获新生，并且帮他实现了和养母共度一天的愿望。

1　位于美国纽约市布鲁克林区的半岛，是美国最早的大型游乐城。

《少数派报告》

（2002 年）

“这是一部爆米花电影——不过是一部美味的爆米花电影。”

- 下一页：斯皮尔伯格的首部“后 9·11”电影反映了政府权力和公民自由间的界线。

TOM CRUISE
A STEVEN SPIELBERG FILM
MINORITY REPORT
TWENTIETH CENTURY FOX AND DREAMWORKS PICTURES PRESENT A CRUISE/WAGNER / BLUE TULIP/RONALD SHUSETT/GARY GOLDMAN PRODUCTION A STEVEN SPIELBERG FILM
TOM CRUISE "MINORITY REPORT" COLIN FARRELL SAMANTHA MORTON AND MAX VON SYDOW
JOHN WILLIAMS
INDUSTRIAL LIGHT & MAGIC
DEBORAH L. SCOTT
MICHAEL KAHN, A.C.E.
ALEX McDOWELL
JANUSZ KAMINSKI, ASC
GARY GOLDMAN RONALD SHUSETT
GERALD R. MOLEN BONNIE CURTIS WALTER F. PARKES JAN DE BONT
PHILIP K. DICK
SCOTT FRANK AND JON COHEN
STEVEN SPIELBERG
www.minorityreport.com
EVERYBODY RUNS JUNE 21

- 上图：美国版海报——斯皮尔伯格呈现了一部奥威尔式的黑色影片。

- 下图：斯皮尔伯格和汤姆·克鲁斯三年后将在《世界大战》中再度合作。

– 和汤姆·克鲁斯在片场——斯皮尔伯格自从20世纪80年代初第一次与克鲁斯会面之后，就一直在寻找与他合作的适当机会。他差一点儿就执导了后者出演的《雨人》，但又转而去拍摄《夺宝奇兵3：圣战奇兵》了。

“我一直想拍一个乔治·奥威尔[1]风格的故事，因为我很喜欢《1984》，在年轻时就读过这本书。”斯皮尔伯格说道。他也很想拍出类似“亨弗莱·鲍嘉[2]、劳伦·白考尔[3]”夫妻档影片中那种黑色侦探推理故事的东西，这是他以前从未探索过的电影类型。他认为

1 1903年—1950年，英国记者、小说家、散文家和评论家，代表作有《1984》《动物庄园》等。

2 1899年—1957年，美国男演员，1999年被美国电影学院评为电影诞生100年以来最伟大的男演员，代表作有《卡萨布兰卡》《非洲女王号》《叛舰凯恩号》等。

3 1924年—，美国女演员，1944年因与亨弗莱·鲍嘉合演《江湖侠侣》而结缘，两人在1945年结婚，之后作为好莱坞著名的夫妻档合演过多部影片。

《少数派报告》同时提供了上述两种可能性。本片的剧本最初与乔恩·科恩合作，而后又与斯科特·弗兰克合作了很久才终于完成。它的前提设定的确相当引人注目——在 2054 年，华盛顿特区已经杜绝了重大犯罪。

这是因为漂浮在一个水箱里的三位“先知”拥有超自然能力，能够预知到犯罪情景并派遣警察小分队赶到潜在的犯罪现场，从而在暴力罪行发生前防患于未然。身材健美的汤姆·克鲁斯饰演约翰·安德顿——最出类拔萃的犯罪打击者，萨曼莎·莫顿饰演阿加莎——预知能力最敏锐的一位先知。

然而，克鲁斯是个忧心忡忡的男人——他的爱子在游泳池被拐走了，而他对这个男孩的命运毫无头绪，这件事导致他离异和情绪消沉。现在，这个项目即将走向全国之际，阿加莎却判定他会在 36 小时后犯下谋杀罪，而推测出的受害者是一个他根本不认识的人。他必须去做的一件事情，是拿到与阿加莎预见的结果不一样的那份“少数派报告”。

从最基本的层面来看，《少数派报告》是一连串精心编排、扣人心弦的追逐和动作桥段。这些桥段体现了斯皮尔伯格的最高水准，而摄影师贾努兹·卡明斯基让影片带有一种神秘感十足的蓝色调。影片情节走了比较传统的套路：看似和蔼可亲的马克斯·冯·赛多[1]想要颠覆这个项目，并且在柯林·法瑞尔发现他的计划时杀掉了这个勤勤恳恳卖力表现的人。

有一场特别精彩的戏，是安德顿和阿加莎必须神不知鬼不觉地穿越一家大型购物中心。这全靠完美的时机把握。例如，一个气球可以在他们穿堂而过时掩护他们不被眼线发现。此外，也有令人捧腹的题外话——阿加莎一度警告一个过路人那天晚

1　1929 年—，瑞典男演员，曾经参演英格玛·伯格曼的多部经典作品，擅长扮演给人以压迫感的严厉人物。

上不要回家。“他知道的。”她告诉这个被吓了一跳的女人。

但是，这部电影还有更加高远的意图：它想要提出问题——用斯皮尔伯格的话说：“在‘9·11’余波未平、阴影未散之时，如果政府以保护我们免遭恐怖主义袭击为理由让我们必须放弃一部分自由，那我们到底愿意为此放弃多少公民自由？”这部电影在最高层面上提出了关于自由的问题。“政府因为确信你一定会犯下一起你还没有犯下的谋杀罪，所以就用合法权力剥夺你余生中的权益吗？”斯皮尔伯格问道。“你瞧，知晓从现在起哪怕5分钟后将会发生的事情，都会赋予你一种终极力量。没有比预知未来更强大的力量了——阿加莎作为一个先知，仅凭一己之力就能掌控这个世界。”

当然，她没有这样做。谢天谢地，先知是一种很有意思、发人深思的虚构角色。但是，美国政府，或是任何现代民族国家的政府，都有极其广阔的门路来探知我们的秘密。

它是欠缺策略的、官僚主义的、复制而来的，它糊里糊涂地瞎折腾，必然会因为种种事端而失去很多机会。但是那种机制就摆在那里，它此时此刻有可能正在完善它的工作。

这并不意味着《少数派报告》是一部在各个方面都很成功的电影。它在惊悚层面上发挥得最好，只要克鲁斯在疯狂地东奔西跑——他一度换上了另一双眼睛（看守秘密基地入口的机器用它们进行身份识别）——它就是一部引人入胜、令人兴奋的电影。但是，它也是一部非常复杂的电影，它要处理很多重要的事情，其中有一些处理得相当仓促的地方，有时缺少更加充分的解释来满足我们最大的好奇心——这是当今电影经常出现的问题。以这部电影为例，它的片长大大超过两小时，到了最后你多少有点精疲力尽的感觉，却没有从影片中得到充分的满足感（在这方面，冯·赛多所饰角色的阴谋对我来说尤其有问题）。此外，它也远远不是一部黑色电影，它看上去像是这

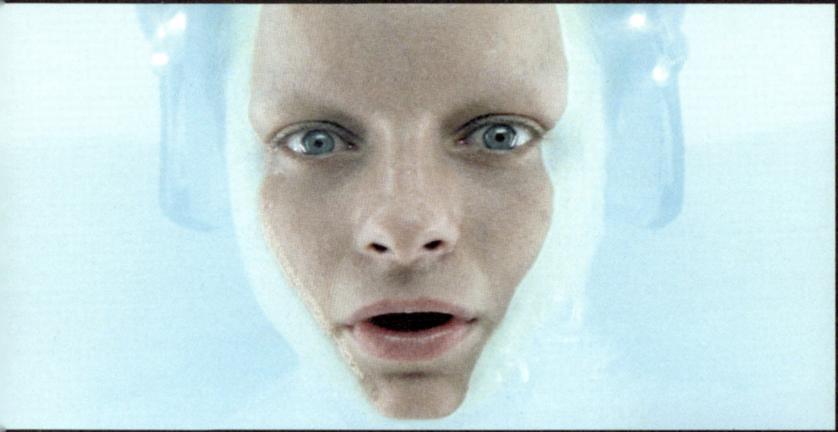

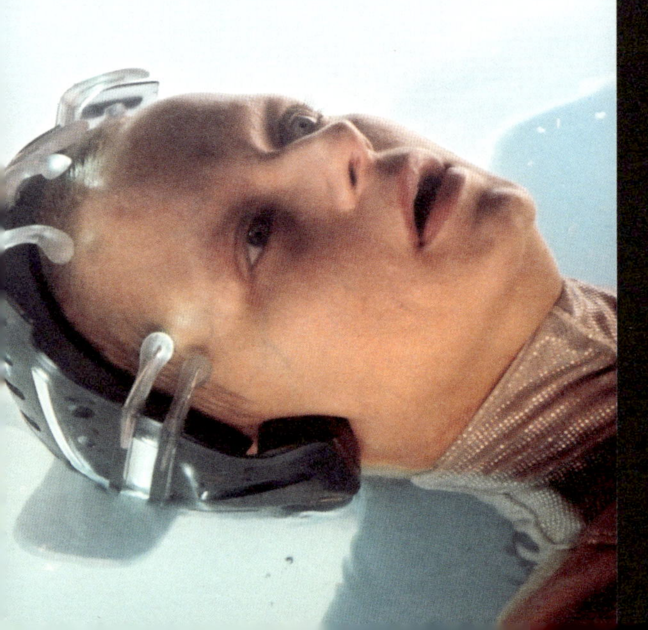

“科幻作品喜欢警示我们。要记住，科幻作品永远是能提醒我们去思考未来事物的‘第一级警报’。观众更容易接受科幻作品中的警示，同时并不觉得我们在对他们进行说教。”

种电影，但总体而言没能让妙趣横生的笑料像鲍嘉和白考尔那样充分发挥出戏谑的效果，这是因为克鲁斯和他离异妻子之间的爱情戏本来就充斥着懊悔，而且又展开不足。

或许，它只是要做的事情太多，无论如何也忙不过来了，于是没能像它所渴望的那样在所有层面上满足我们。但是，追求得太多当然比追求得太少要好，后者如今在电影界远比过去普遍得多，而观众似乎对此并不关心。他们基本上都为影片中

– 阿加莎："对不起，乔恩，你又得开始跑了。" 汤姆·克鲁斯（饰约翰·安德顿）和萨曼莎·莫顿（饰阿加莎）排演他们的下一个动作。

– 上一页："没有比预知未来更强大的力量了——阿加莎作为一个先知，仅凭一己之力就能掌控这个世界。"

的惊悚刺激之处大呼小叫，在这个最基本的层面上，它似乎对他们很奏效。在全球上映时，它也取得了极佳的票房总收入。

它不是一部伟大的电影，但也并非一文不值。如他们所说，它是“一段美好的旅程”，在娱乐大家的同时也提出了一些关于政府侵扰公民生活的有趣问题，但又没有给出确凿的答案。

4A-0475
NY WORLDS FAIR 64

《猫鼠游戏》

（2002 年）

“李奥[1]的眼睛里有种非常狡黠的智慧，他有一种非常富于表现力的派头。弗兰克之所以能屡试不爽地‘金蝉脱壳’，80% 是靠表演，只有 20% 是靠想象力，一切都在于表演。”

1 莱昂纳多的昵称。

“《猫鼠游戏》对我来说，是一缕清新的空气。”斯皮尔伯格说道。这是一个非常真实的故事，讲了十几岁的骗子小弗兰克·阿巴内尔在其短暂但非常活跃的职业生涯里，假扮飞行员、医生和律师等身份，开出了大约400万美元的空头支票。就像莱昂纳

– 过着上流社会的生活。莱昂纳多·迪卡普里奥饰演的小弗兰克·阿巴内尔在诈骗和伪装这方面是一位大师。

PAN AM
PAN AM

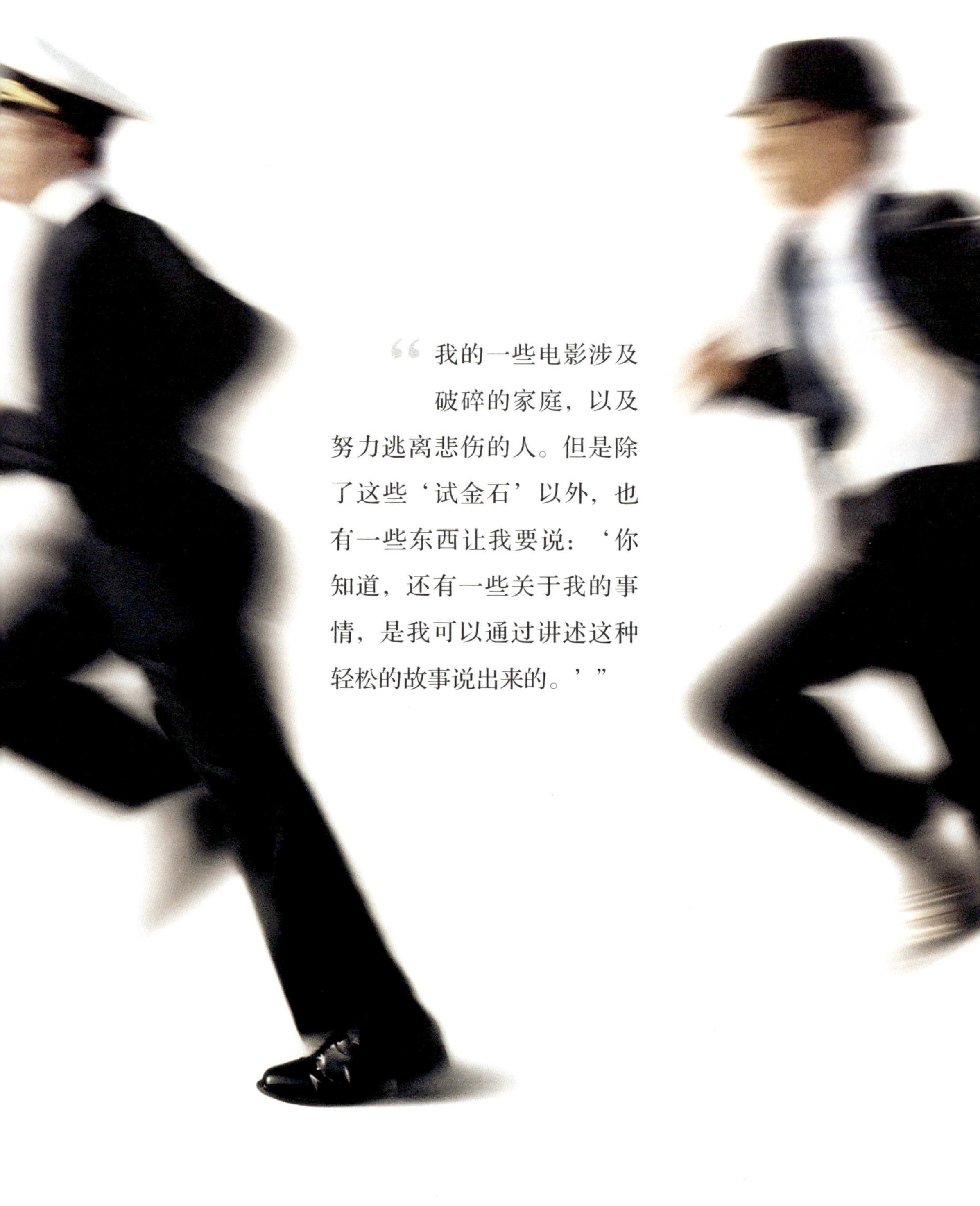

“我的一些电影涉及破碎的家庭，以及努力逃离悲伤的人。但是除了这些‘试金石’以外，也有一些东西让我要说：‘你知道，还有一些关于我的事情，是我可以通过讲述这种轻松的故事说出来的。’”

多·迪卡普里奥演绎的那样，他是个精明圆滑但风趣幽默的投机分子，极少扬扬得意或兴高采烈地表现出他在行骗时的窃喜——这让这部电影大大加分。这个小伙子做的行当又无比严谨，容不得轻浮之举——这也对他有利，尤其是他的头号追捕者又是他的死对头——汤姆·汉克斯精彩演绎的既“极客”又执着的美国联邦调查局（FBI）天才探员卡尔·汉拉蒂。

汉克斯鼻梁上架着一副明显歪歪斜斜的眼镜，头上还戴着傻里傻气的小帽子，经常在平安夜独自一人待在办公室里，一边心不在焉地吃着中餐，一边全神贯注于逍遥法外的阿巴内

- 一副潦倒模样的联邦调查局探员卡尔·汉拉蒂（汤姆·汉克斯饰）在阿巴内尔又一次轻易逃脱后，来到洗衣店洗衣服。

- 上一页：在《少数派报告》之后，本片紧接着又是一部追逐电影，但性质却完全不同。

尔。他有一段破碎的婚姻，操着一口聒噪的新英格兰口音，并且对他的猎物渐生喜爱。

这部电影并没有对阿巴内尔的行为动机进行重点展开。事实上，他又是一个斯皮尔伯格式的“迷失男孩”，一边闯荡天下一边寻找他可以搞到的某种身份，或者更确切地说，一个可靠的父亲形象。然而，他真正的父亲本身却是一个不入流的小商人，在生意上问题不断。这一角色由克里斯托弗·沃肯[1]以其一本正经之中带点疯狂的独特风格进行了精彩演绎，他在出场时获得了“扶轮社”[2]荣誉市民奖，但那时已经因为逃税事件而陷入了与国税局的缠斗，整部影片中他都在为此挣扎。如果说这部电影有一个关于爱的故事，那就是在老阿巴内尔和小阿巴内尔之间——老阿巴内尔对于儿子的名气远超自己还是有几分高兴的，但是他也拒绝接受孩子的不义之财。

时至今日，透露一下影片结局当然无伤大雅：汉拉蒂在法国一座小村庄里追到了精疲力竭的小阿巴内尔——在二战末期，他的父亲就是在这里遇到了他那性感迷人却只可同甘不可共苦的母亲。汉拉蒂眼看着阿巴内尔受审和入狱——但是后来又允许他改邪归正：他为FBI效力，去抓其他像他这样的人，还通过发明各种预防诈骗或是至少能给其他总想像他以前那样行骗的人造成麻烦的方法发了一笔小财（片尾字幕告诉我们）——结局非常圆满（在现实中也是）。

“我见到弗兰克·阿巴内尔本人时，”斯皮尔伯格说道，“也见识到了他性格中的力量，我一见到他就说：‘他可以蒙蔽任何人的双眼。’”没错，但是这并非影评人希望看到的。他们希望这部电影是一场比实际作品更欢乐的影片——一部一团和气的骗子电影，里面没有真正的危急关头，只是丢了一大堆钱，并且没有造成伤害。当然，故事里的确有这样的痕迹，但是它在大部分时候都带有让观众啼笑皆非的讽刺意味，还带有一定数量并不紧张的小悬念，不至于让人只顾着欢笑。

---

1 1943年—，美国戏剧、电影、电视剧演员，1979年凭借《猎鹿人》获得奥斯卡最佳男配角奖，其他代表作还有《安妮·霍尔》《断头谷》等。

2 扶轮社是依循国际扶轮社的规章所成立的地区性社会团体，以增进职业交流及提供社会服务为宗旨。

“他在诈骗和伪装这方面是一位令人惊叹的大师，”斯皮尔伯格说道，“但奇怪的是，他让我有点儿想起了奥斯卡·辛德勒。”为什么呢？“就是他的控制力——他能欺骗人们相信他的计划就是他们的计划，而事实上他另有一套完全不同的计划。奥斯卡·辛德勒戏弄了纳粹分子，骗他们相信他也是他们中的一员。而事实上，他将要带着他们的巨款逃之夭夭，将要做出人类能做出的最伟大的正义之举——为了给犹太人一处避难所，他成了一个伟大的骗子。”

我从未想到这一点。

“这是我坐在这儿才想到的——采访过程中有时会发生这种事情。我发现了之前没发现的东西，我想我坐在这儿才第一次发现这一点。”

这一点也温和地提出了一个略带警示性的观点：所有电影，即便是最为严

– 莱昂纳多·迪卡普里奥一边与导演和汤姆·汉克斯交谈，一边确认另一条逃跑路线。

– 上一页：《猫鼠游戏》有着魅力十足的服装、演员和场景，在很多人看来不过是一部轻松的闹剧片，却具有很强的讽刺意味。

– 斯皮尔伯格和迪卡普里奥核查工作样片。

肃冷静和立意高远的电影，都带有欺骗性的元素。它们最根本的目标，毕竟还是让人们坐到电影院的座位上。这绝不是一种犯罪，甚至连不法行为都算不上。这是一个人人都能玩的游戏，并不带恶意。所以，就《猫鼠游戏》而言，那又何妨？它提供了美好的回忆，收获了不错的评价，赚取了可观的利润，而斯皮尔伯格又多了一部让他有理由引以为豪的电影。在下一个项目中，他将会故技重施，可能还会愈发讨人喜欢。

Tom Hanks

Catherine Zeta-Jones

A STEVEN SPIELBERG Film

Life is waiting.

DREAMWORKS PICTURES presents A PARKES/MacDONALD Production A STEVEN SPIELBERG Film

TOM HANKS CATHERINE ZETA-JONES "THE TERMINAL" STANLEY TUCCI CHI McBRIDE DIEGO LUNA

DEBRA ZANE, CSA SERGIO MIMICA-GEZZAN JOHN WILLIAMS MARY ZOPHRES MICHAEL KAHN, A.C.E.

ALEX McDOWELL JANUSZ KAMINSKI, ASC PATRICIA WHITCHER JASON HOFFS ANDREW NICCOL

WALTER F. PARKES LAURIE MacDONALD STEVEN SPIELBERG ANDREW NICCOL and SACHA GERVASI SACHA GERVASI and JEFF NATHANSON

AMBLIN

STEVEN SPIELBERG

DREAMWORKS PICTURES

《幸福终点站》

（2004年）

“我想拍一部能让我们欢笑、哭泣，能让我们感受到世间美好的电影。”

– 汤姆·汉克斯饰演维克多·纳沃斯基——一个被困在机场航站楼、身材有点儿肥壮的难民，此次演绎被斯皮尔伯格认为是他的最佳电影表演。

斯皮尔伯格认为杰夫·内桑森和萨沙·杰瓦西写的剧本迷人而新颖——“一个‘如鱼失水’的故事”，讲述维克多·纳沃斯基——这个虚构东欧国家克拉科齐亚的居民在坐飞机前往美国的途中因为祖国发生政变而变成了无国籍的人，于是被迫住在了那座与影片同名的机场大楼[1]里，无法在这个国家实施他那项天真的任务，也无法回到祖国。他希望汤姆·汉克斯来饰演维克多，这样他才会特别想拍这部影片。可想而知，本片是一次“逆向选角”[2]的胜利，因为正如斯皮尔伯格所说，“汤姆是典型的美国好男儿，他基本上把自己塑造成

1 《幸福终点站》的英文片名“The Terminal”一词既有“终点站”之意，又指机场航站楼。

2 选择惯常戏路与角色不符甚至相反的演员，有时可以出奇制胜，有时也与选角失败仅有一线之隔。

了当今影坛最具标志性的美国男演员”。

现在，他将会被要求饰演一个有点儿肥壮、讲话口音很重、对美国习俗一无所知的角色。除此之外，这个角色还存在其他种种问题。他被困在一个我们大多数人都会自然而然地穿堂而过、根本不会停下来想一想是否会有人在那里生活的环境中。简而言之，他将要演出的角色与他在银幕上的一贯形象正好相反。

影片上映时，影评人显然注意到了这一点——他们怎么可能看不到？但是，我认为他们对于汉克斯的大转变重视得不够，而斯皮尔伯格做到了。“坦率而自私地讲，我觉得这是汤姆有生以来在电影中，包括在让他两度获封奥斯卡影帝的《阿甘正传》和《费城故事》中最棒的演出。这是我作为本片导演毫无客观性的个人愚见。”

维克多不停地请求斯坦利·图奇饰演的国土安全局官员帮他解决问题，而后者对他态度暴躁，虽然流露出了一定程度的同情，但没有提供实质性的帮助。从本质上讲，维克多是无主之地的无身份之人，是个属于世界的难民。但是，他也是个聪明伶俐、很会讨好别人的家伙，在一个看似毫无弹性实则不乏变通的世界里学会了生存。

– 维克多受够了来去匆匆的旅客和机场工作人员的无视，采取孤注一掷的办法来引起他们的注意。

拿吃饭来说，到手的东西有苏打饼干还有调味品，他用芥末酱、番茄酱和蛋黄酱做了一个笑脸，这就是他非常简陋的第一顿饭。然后还有行李车的事情，送回一辆能赚到 25 美分，送回足够多的行李车就能让他在汉堡王买个汉堡，诸如此类的事情还有爬梯子。直到后来，他带领一群施工人员对航站楼进行修缮。此外，他还和凯瑟琳·泽塔琼斯饰演的空姐展开了一段羞答答的小小罗曼史，后者经常经过这座大楼，周身散发出一股神秘的忧郁气息。

一个名叫迈尔汉·卡里米·纳赛里的伊朗移民在巴黎的戴高乐机场里生活了将近 18 年，基本情况和维克多类似。实际上梦工厂真的付了 25 万美元买下了他这个故事的版权，尽管影片剧本只是借鉴了一下他的概况而已。斯皮尔伯格脑海里想得更多的是弗兰克·卡普拉[1]和“他那坦诚的情感”，还有雅克·塔蒂[2]——他“是个智多星，总能用他身边的东西逗我们笑”。

汉克斯和其他演员身边的东西可不便宜，电影制作人不可能租赁到现成的航站楼并在非工作时间进行拍摄，所以他们在加州棕榈谷的一个废弃飞机库里搭建了一座航站楼——高 60 英尺[3]，面积 100000 平方英尺[4]，雇了 200 名工人耗时 20 周才建成，而且我们不得不承认，它的逼真程度实在令人惊叹。而所有这一切从根本上讲都是为了展现汉克斯的表演——正如斯皮尔伯格所说，他的表演“不是群体演出中的一部分，而是令人叫绝的良机”。

写电影评论的人注意到，斯皮尔伯格在拍了一连串黑暗的，

1　1897 年—1991 年，生于意大利的美国导演，被誉为“好莱坞最伟大的意大利人”，曾经 6 次获得奥斯卡最佳导演奖提名并 3 次获奖，代表作有《一夜风流》《浮生若梦》《史密斯先生到华盛顿》等。

2　1907 年—1982 年，法国著名喜剧演员、导演，像卓别林那样自编、自导、自演，善于充分运用肢体语言，是憨豆式喜剧的老前辈。

3　约合 18.3 米。

4　约合 9290 平方米。

“我相信，我们所有人都曾经在生命里的某个时候，觉得自己有一点儿像维克多，这个流离失所、努力谋生的人。”

– 维克多开始遭受一场磨难，但随着电影剧情的发展，他表现出了令人难以置信的坚韧和机智。

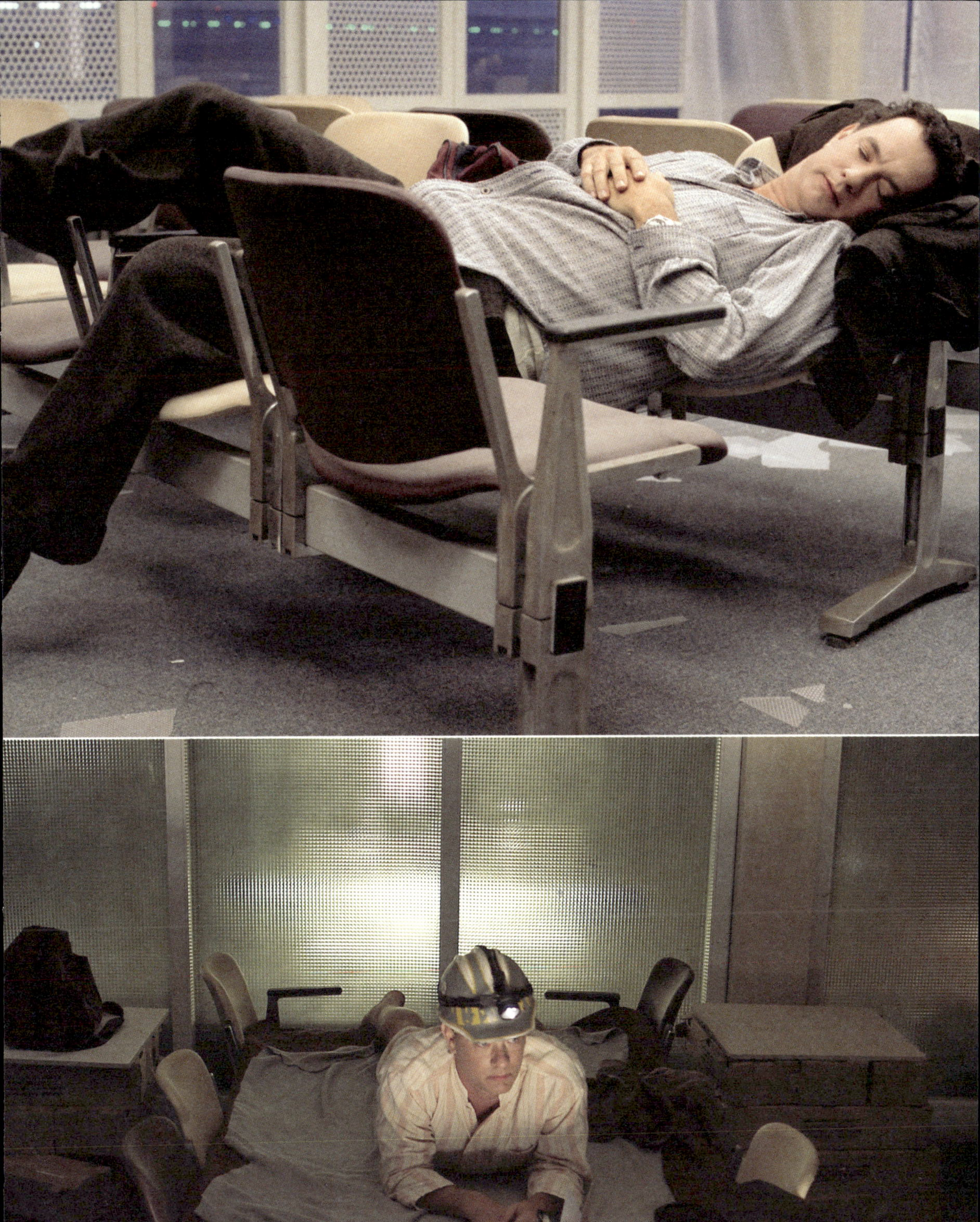

或者说至少非常严肃的影片（《断锁怒潮》《拯救大兵瑞恩》《人工智能》和《少数派报告》）之后，又在《猫鼠游戏》和《幸福终点站》中“欣然回归朝气蓬勃的年轻状态——更明快、更活泼。而摆脱自己内心的黑暗念头，去拍那些截然相反的影片，也让我如释重负”。但是，他哭笑不得地指出，他接下来拍出《世界大战》和《慕尼黑》的时候，“人们完全忘记了我在这条黑暗之路的半路上还拍过两部轻松明快的电影”。

但是他表示，这种明快与黑暗之间的平衡并非他有意为之。“我没有刻意计划，我不会说：‘好的，我现在必须拍些轻松明快的“爆米花”电影，来缓解一下我潜意识里的恶魔对观众们的影响——正是这种恶魔，把我推向了更黑暗、更具历史性的题材。’我不会这样想。当时机到来时，我就顺势而为，让

“它是一首幻想曲，是一部弗兰克·卡普拉式的电影。我一直觉得我们在拍摄《幸福终点站》时，也是在向卡普拉脱帽致敬。”

– 作为一个光明磊落的正人君子，维克多很快就赢得了航站楼全体工作人员的爱戴和尊敬。

一切水到渠成。”

这是一个经常被忽视的重要因素——史蒂文·斯皮尔伯格并不是一个纯粹的电影人。正如我们看到的，他对某些类型的电影并不能驾轻就熟，不管是像《1941 年》这样的喧闹喜剧，还是像《直到永远》这样柔美的爱情片，抑或是像《铁钩船长》这样古怪离奇的历险片。但是我不得不说，他的职业生涯在同时代电影人里独一无二地有着三个迥然不同的方面。

大多数导演都会很快找到他们的最佳位置，例如他们会以拍摄喜剧为主，或是擅长动作片或爱情片。他们可能会偶尔跳出自己固有的领域冒一下险，但是这些影片都是一种迁就——电影公司之所以允许他们这样做，往往是以他们保证重回自己擅长的领域为前提。但是，斯皮尔伯格已经证明了他无论在单纯的动作片（《大白鲨》《侏罗纪公园》）还是在像《E.T. 外星人》这样的人文主义影片，还是在对他意义深远的严肃影片（《辛德勒的名单》《紫色》等）上都是行家里手。

总之，他让人难以归类，难以捉摸。我认为影评人会对此感到费解，或许观众也是如此。当然，他们并没有抱怨——他们给他的回报或许比影史上其他任何导演得到的都要丰厚。他推出的每一个项目都会自然而然地让观众“想去看”，而且人们会很宽容地认可它至少值得他们关注一下。但是“井井有条很重要”，或者说，至少要可以预料。我认为他如此广泛的兴趣让人们无法全面地肯定他在影坛的地位。他是一种自然的力量——如果你同意的话——他身上唯一可以预料的东西就是他的不可预料性。不过，谁也不可能为他感到遗憾——这是非常荒唐可笑的事情。但是我的确认为，他的广博和多产在某些固然很小的层面上阻碍了严肃派影评人以真正严肃的态度看待他。如果你看过有关他电影作品的评论，你会看到其中一些影评带有“没错，但是……”的观点，或是持不屑一顾的相反态度——关注面狭窄的“个性导演”的作品不会被这样对待。此外，他永远瞄准最广泛的观众群体——从不拍摄“艺术”电影，永远盘算着让他的电影赚钱——这样的事实对他也没有帮助。这大概是所有大众主义者无法避免的命运。正如我们已经有理有据地探讨过的，他一次又一次地回到了他自己的主题和他迷恋的东西上，只是他在工作和个人生活中通常把它们隐藏得比大多数人都好，藏在了一种小心翼翼营造出的正常氛围里。

尽管如此，我还是认为《幸福终点站》是他最具魅力的电影之一，而汤姆·汉克斯在片中的形象尤其微妙。他是一个目的明确、行动积极的人，巧妙地解决了大大小小的问题，简单如找到足够的食物，复杂如在前途未卜的困境中谋生。但是，他也有求之不得的失落感——近乎于一种渴求。他骨子里很可爱，但又一点儿也没让我们觉得煽情。

– 在这座相当逼真但纯属仿造的航站楼里，光可鉴人的地板很适合踩着滑轮车跑来跑去，但是对穿细高跟鞋的人来说可没那么美妙。

《世界大战》

（2005年）

“《世界大战》根本就不是为家庭观众拍摄的。《世界大战》是一部非常紧张激烈的‘后9·11’末日灾难大片。”

“《世界大战》中的很多东西都是我们对恐怖主义做出的反应。”斯皮尔伯格说道，“这实属一种暴徒心态，那种集体性恐惧是一只危险的猛兽。当整个社会变成了一个暴徒，我们在集体逃命时可能会以其他人的生命为代价，我们会怎么做呢？”他补充道，“我们如何对待恐怖主义呢？它依然与美国精神格格不入，因为我们一直生活在一个相对安全舒适的摇篮里。”因为自从内战之后，我们还没有在我们的土地上遭遇过冲突。

– 恐怖的海报图像表现了世界被强大的外星人掌控，他们与可爱的 E.T. 相去甚远。

除此之外“海洋似乎也不再浩瀚无边。电脑和手机把我们的世界缩小到一段新闻那么大，

而所有这些信息让我们感到自己从未如此脆弱，而且我觉得《世界大战》紧紧抓住了我们的恐惧和脆弱。”

要处理这些问题，就需要发挥想象力对H.G. 威尔斯 1898 年的小说以及后来被搬上其他媒体的改编之作进行大规模的重构。这些作品

– 一个普通人置身于一种不普通的境地，汤姆·克鲁斯签约加入了又一段惊险刺激的旅程。

“科幻作品根本不是潜意识的东西，对我来说它是一种休假，是一种让我抛开所有叙事逻辑规则的休假，是一种让我抛开物理和自然科学的休假。它让你抛下所有规则，尽情飞翔。”

是以所谓“自上而下”的方式讲述的，采用了对来自外太空的超智能入侵者进行徒劳抗争的科学家和政府官员的视角。而现在需要的，是从所谓更加平民化的角度看待这场战斗。

– 左上：斯皮尔伯格指导汤姆·克鲁斯和达科塔·范宁。

– 右上：雷·费雷尔（克鲁斯饰）和他的孩子——瑞秋和罗比（达科塔·范宁和贾斯汀·查特温饰），努力找出造成严重破坏的原因。

为此，斯皮尔伯格与编剧大卫·凯普和乔什·弗里德曼构思出了一个名叫雷·费雷尔（汤姆·克鲁斯饰）的普通人，这个一事无成的码头工人在外星人大开杀戒的那个周末负责照看他的两个孩子——瑞秋（达科塔·范宁饰）和罗比（贾斯汀·查特温饰）。他们必须提高自己的生存技能，还要把这些本领展示出来——表现方式主要是拼命狂奔。

外星人也和威尔斯的版本大不相同。他们在几千年前把非常巨大、非常可怕的杀人机器埋在地下，等待它们重见天日的那一天——不知何故，它们偏偏就在雷想方设法给孩子们找事情做的这一天破土而出。

这两个创新都成了这部电影打动我的优点。我们得知外星人对这次入侵谋划了几千年之久——这一点清楚地表明了他们的高超智力和卑鄙用心，也预示了他们可能会穷凶极恶地横扫地球。克鲁斯和他的孩子们只是平凡无奇的普通人，这让他们备显脆弱，激起了我们对他们所处困境的同情。他们勇气可嘉，但是在这场悲惨的搏斗中，他们看上去根本不是外星人的对手，更不用说其他人了。

这部电影中不乏令人毛骨悚然的事件，它属于那种该死的事情一件接一件的斯皮尔伯格电影。它的呈现手法很娴熟，演员的表演也很棒，特别是克鲁斯，作为“一个游手好闲、和孩子关系不大好的父亲，为了拯救他们的性命以及防止他自己的小小世界分崩离析，而不得不非常迅速地变成了一个非常伟大的父亲。我觉得与参谋长联席会议或是副总统的视角相比，这样更能带观众入戏。汤姆的演技值得赞扬，他能在你眼前变成一个普普通通的男人、一个有很多缺点的家长”。

斯皮尔伯格表示，现实生活中的克鲁斯是一个“了不起的完美爸爸，所以跳跃这么大的跨度来饰演一个不完美的爸爸，

对他来说是件很有趣的事情”。事实的确如此，克鲁斯的演技一直都比他平时得到的好评更胜一筹，他的表演让本片有了一种人情味，如果换了其他演员来饰演这个角色可能就做不到这样。

这还没有说到燃烧的火车，有时候，一部中规中矩、技法娴熟的惊悚片会因为一个变化的镜头而变得非常令人难忘，本片也是如此。一天，斯皮尔伯格在电脑上对他的电影进行先期视觉化，“我想，要是他们抵达渡口时有一列火车穿过会怎样？——栅栏放下，人群驻足，一列失控的火车完全被熊熊烈焰笼罩。恢复通行后，人们走向渡口”。这个主意只是为了表明“还有很多我们没有呈现给观众的事情正在发生：沿那个方向5英里外的整个世界正在被摧毁，沿另一个方向10英里外的一座城市正在被夷为平地。其他父亲和母亲也怀抱着各种各样的东西，因为我希望观众放宽视野而不是只看到这个家庭的故事”。

这个镜头非常简短，但很有意思的是当火车风驰电掣地驶过时，目瞪口呆地站在十字路口的人群并没有表现得惊恐万分。此时此刻，他们已经承受了太多令人难以置信的恐怖经历——当栅栏抬起时，他们只是拖着步子继续前行……无论去向何方（斯皮尔伯格对这种场景的处理手法，在很大程度上受到了表现二战早期德国人占领巴黎之后，巴黎人涌向城外道路的新闻片片段的影响）。

这个镜头并没有“拯救”这部影片——也

- 上一页：虽然对H.G. 威尔斯的小说进行了重构，但是电影依然保留了书中的细节，包括来自外星的红色野草在大地上疯狂蔓延、扼杀了土生土长的植物群落和动物群落。

没有拯救的必要。然而，它却是标志性的一刻，是我们现在回想起《世界大战》时想到的第一个画面。此外，这部手法老练的成功商业片还蕴含了此类电影中前所未有的东西——对极端情况下“家庭价值”的颂扬。没人会误以为本片是斯皮尔伯格的一部“重大”作品，但它却是一次娱乐化的回归——技巧纯熟、激动人心，回到了他已经暌违近十年之久的那种风格。而在票房收入上，本片也非常成功。

– 这里无处藏身——雷和瑞秋躲在餐桌下面。

– 下一页：一艘外星飞船的探照灯发现了达科塔・范宁。

《慕尼黑》

（2005 年）

“我从未想象过我在职业生涯中会拍摄《慕尼黑》——它连第三或是第四、五部都排不到。我也并不认为它偏离了我拍过的所有影片。在我看来，它算是一个我觉得有必要去讲述的故事。”

–斯皮尔伯格对饰演以色列总理梅厄夫人的林恩·科恩进行指导——她正在关注电视上对恐怖袭击的报道（右）。《耶路撒冷邮报》封面上的死亡人数触目惊心。

“对我来说，关键字眼就是‘意外之果’。”斯皮尔伯格在谈到《慕尼黑》一片时如是说，“本片首先是一部惊悚片，但同时也深刻反思了人性有时如何在最绝望的境地中胜出”。先说惊悚的一面，1972 年在慕尼黑奥运会期间，巴勒斯坦境外恐怖组织“黑色九月”[1]的一群人绑架并最终杀害了 11 名以色列代表团成员。此般罪行当然不会被姑息，于是以色列总理梅厄夫人组建了几个秘密特工小组，负责对恐怖分子实施报复。

1　黑色九月是巴勒斯坦激进派组织，曾策划实施多起恐怖活动，如震惊世界的慕尼黑惨案。

影片关注了其中一个小组的命运——它由阿夫纳（艾瑞克·巴纳饰）带头，其他成员包括后来饰演詹姆斯·邦德的丹尼尔·克雷格，以及塞伦·希德。他们很快就在欧洲和中东各地成功追踪到了他们的猎物。在这个层面上，这部电影是一部一流的悬疑惊悚片，充斥着千钧一发的危急事件，有时还很血腥。

但是影片还有另一个层面——对我来说，它在谍战片领域有着独特的历史地位。这个层面用我能想到的最恰当的话来说，就是当阿夫纳和他的小组执行任务的时间超出他们的预期时，他心中渐渐产生的疑问。事实上，阿夫纳最终"竭力让自己的灵魂不受影响"，斯皮尔伯格说。他这句话的意思是你这么做是因为你相信这个任务，你这么做是因为你热爱自己的国家，因为你是小组的领导者。但是近距离杀人没那么简单。那些人过着双重生活，在不杀人的时候看上去完全是通情达理、教养良好的人。这种事情会考验一个人的灵魂。我真的觉得阿夫纳在整个故事里都在竭力让自己不受影响。

这一主题在一幕令人异常揪心的场景里得到了体现：一名恐怖主义分子的年幼女儿回到家里的公寓去取她落下的学校作业，就在这时候电话响了，于是她想要去接——她并不知道电话里装有用来炸死她父亲的炸弹。这个无辜的女孩对父亲作为恐怖主义分子的秘密生活一无所知，她有可能也是本片所述诸多

– 镜子里的导演摆出了阿夫纳（艾瑞克·巴纳饰）在影片海报上的沉思造型。

事件的一种“意外情况”。

她逃过了一劫，但其他人却没有，尤其是阿夫纳。被问到这个男人在参与这些事件之后是否可以心安理得时，在这个故事漫长的创作过程中对阿夫纳有所了解的斯皮尔伯格回答道：“不，绝不会，我不这么认为。我觉得这样的事情会永远改变你，我觉得他永远无法心安理得。”

阿夫纳良心上的不安在一场戏里被象征性地体现出来：他试图和妻子做爱，但由于他一心扑在无穷无尽的任务上，已经变得对她很疏远。这次通过床笫之欢缓和夫妻关系的尝试遭遇了挫败，因为他和其他人一手制造的恐怖暴力画面不停地侵入他的脑海。

– 阿夫纳和他的暗杀小组开始行动。从左到右依次为：丹尼尔·克雷格、艾瑞克·巴纳、塞伦·希德、马修·卡索维茨以及汉斯·齐施勒。

然而，斯皮尔伯格这部电影来得并不容易。他的搭档凯西·肯尼迪拿到了乔治·乔纳斯写的《复仇》一书的版权，这本记述了这次复仇任务真相的书“备受争议”，书中很多确切的细节只有在未来某个时候相关文件解密时才会大白于天下。此书激怒了许多摩萨德（以色列秘密情报局）成员；而另一方面，斯皮尔伯格坚持认为这本书总体而言还是真实的，尽管影片在上映时注明了“改编”自一个真实故事。

不管怎样，斯皮尔伯格在数次否定本片之后，最终还是亲身参与了创作过程。几位编剧写出来的剧本草案效果并不好。然后，由托尼·库什纳根据他自己的获奖戏剧改编的 HBO 迷你剧《天使在美国》给斯皮尔伯格留下了深刻印象，于是他和肯尼迪联系上了这位才华横溢的作者，邀他加入了他们的行列。库什纳不但写出了最终的剧本，还全程陪同斯皮尔伯格在几个国家进行拍摄。

对于梅厄夫人发起反恐活动这件事的正确性，他们并无疑问。“说实话，我觉得以色列政府的所作所为不算过分。”斯皮尔伯格说道。另一方面，对斯皮尔伯格来说至关重要的一点是，阿夫纳并没有被视为某种查尔斯·布朗森[1]式的角色。“我决不想根据这些真实的历史事件，拍出一部斯皮尔伯格版的《猛龙怪客》（Death Wish）。”

当然，这就是《慕尼黑》中闪耀的第二个主题，同时也是对斯皮尔伯格来说最重要的主题。“这部电影提供了一个讨论场所——犹太人群体中有些人认为片中对巴勒斯坦人的立场并不恰当，甚至认为片中连一个探讨巴勒斯坦人性格的镜头都不该有。但是托尼和我认为这是非常、非常重要的。冤冤相报的流血冲突困扰了这个地区好几十年，何时才会结束呢？怎样才能结束呢？这部电影是对和平的祈求，我在拍摄本片时一直在这样想。在这种互不相让的局面背后，肯定也有人在祈求和平。”

这个想法，在完全由库什纳虚构出的一幕场景中以最令人痛心的方式表达了出来。在这场戏里，阿夫纳和他的巴勒斯坦对手有了一次短暂的会面。事实上，这一场景说的是每个人都需要一个家园，而巴勒斯坦人真的没有家园。除了别

1　1921 年—2003 年，动作片演员，生于美国但成名于欧洲，20 世纪 70 年代重回好莱坞后以《猛龙怪客》系列影片创造了他的事业巅峰。

的东西之外，这部电影还表明这个问题必须得到解决。

当然，尽管如此，正如斯皮尔伯格所说的："我认为没有任何电影、任何书籍或是任何艺术作品能解决当今中东的僵局。我认为唯一能解决这个问题的东西，就是理智的头脑、大量的对话，要多坐下来不停地谈，一直谈到脸色发青、无力再谈为止。"

从某种意义上讲，斯皮尔伯格在执导《慕尼黑》时就遇到了这样的事情。他表示拍摄《慕尼黑》时，在他脑海里来回翻滚的是一些现代惊悚片，比如弗雷德·齐纳曼[1]的《豺狼的日子》[2]、科斯塔·加夫拉斯[3]的《Z》[4]，还有吉洛·彭特克沃[5]的《阿尔及尔之战》[6]。本片从未打算跳出来引发这种政治骚动，只是打算成为一部政治惊悚片。

正如我们所见，本片在这一层面上发挥得非常出色。但是在我看来，本片还具有在此类电影中独一无二的其他东西。它虽然跨越了这么广的地理范围，引发了这么大的争议问题，却是一部相当个人化的电影，很多时候都是一小群男人无所事事地坐在黑乎乎的屋子里东拉西扯。当我把这个发现讲给斯皮尔伯格听时，他激动起来："你说得太对了！你说得太对了！完全正确！完全正确！从某种程度上说，这是我执导的最接近戏剧的一部电影，我对这一点心知肚明。"

此外，他还意识到了其他东西——因为库什纳尤其注意这件事。他们认为广大民众——尤其是在犹太社区中——不会欣赏影片中隐含的信息。没错，主张对在慕尼黑犯下罪行的行凶者采取行动，当然会在某种层面上引起共鸣。但

1 1907年—1977年，生于维也纳，代表作有经典西部片《正午》、反法西斯题材影片《第七个十字架》等等。

2 1973年上映，再现了秘密军队组织刺杀法国总统戴高乐的事件。

3 1933年—，法国电影导演，以一系列根据政治事件改编的影片在国际上引起强烈反响，代表作有《Z》《特殊法庭》《失踪》等。

4 1969年上映，根据希腊左翼议员兰布拉斯基被右翼军人势力暗杀这一真实事件改编，获得了1969年戛纳电影节评委会奖和奥斯卡最佳外语片奖。"政治电影"一词就是随着本片问世而出现的。

5 1919年—2006年，意大利著名导演，同时是一位坚定的左派人士，喜欢以纪录片作为表达自己观点的武器，代表作有《奎马达政变》《阿尔及尔之战》等等。

6 1966年上映，以阿尔及利亚争取独立为背景，讲述了阿尔及尔这座城市里地下运动组织与法国人的战斗。这部黑白影像半纪录影片，由当地普通民众出演，获得了1966年威尼斯电影节金狮奖。

– 来到街道上：《慕尼黑》在包括巴黎和布达佩斯在内的多座欧洲城市取景拍摄。

是用库什纳的话说，他们认为影片会受到不公平的攻击，尽管巴勒斯坦人和以色列人最终必须取得某种和解是举世公认的事情——无论这需要花费多长时间。库什纳害怕《慕尼黑》会遭到诋毁，而他的担忧是正确的。总的来说，开明派和保守派的犹太人领袖都不喜欢本片，报纸评论专栏充斥着他们的反对意见。斯皮尔伯格表示，对这部电影中的和解精神予以肯定的犹太人，是中间派——尤其是在本片支持追查慕尼黑凶犯的立场没有遇到任何异议的情况下。

这部影片并没有取得巨大成功，但是还算令人满意，全球总票房约为 1.3 亿美元。它收到了毁誉参半的评论，但也收获了奥斯卡最佳影片和最佳导演的提名。我认为这样的反响并没有让斯皮尔伯格很受伤，尽管他没能得到应有的认可——他传达了真诚而高尚的人道主义信息，并且在最大的舞台（或银幕）上提出了巴以关系无休无止、循环反复、流血事件频发的进程中一个新的因素。

这部电影在斯皮尔伯格的作品中被低估了。他的大多数影片不是没有重大寓意，就是把寓意表达得非常直白——比如《辛德勒的名单》的凝重含义，还有《断锁怒潮》里被奴役的主人公向我们表达的东西，都是毫无疑问的。但《慕尼黑》却完全不同，正如斯皮尔伯格所说，追捕并处决杀害奥运代表团成员的凶犯无疑是势在必行的做法，不这样做就会无可挽回地削弱以色列在中东无休无止的流血动乱中所处的地位。

但是，对于这次行动中的人员牺牲他提出质疑，指出双方在未来必须设法超越典型的以牙还牙心理，这就表达了一种更微妙的立场。“一报还一报是个永无休止的循环，不能真正解决任何问题，只会制造出一台永动机。我从未试图回答以色列的政策问题，这不是我管得了的事情。我不是外交官，不是政治家。我是电影工作者，不是政策制定者，所以我给不出答案。但是我认为这部电影带有一种探索精神，它提出了很多问题。”

没错，它的确如此，而且这些问题在当时以及后来都没有人在像电影这样公众化的讨论场合提出，尤其是在像本片这种要想取得成功就必须争取赢得大批观众的电影中。《慕尼黑》上映之初，斯皮尔伯格喜欢引用以色列作家阿摩

- 左下：艾瑞克·巴纳发出行动信号。

- 右下：在德国菲尔斯腾费尔德布鲁克北约空军基地的停机坪上，解救五名幸存以色列人质的行动失败了，这场戏是在匈牙利的托克尔机场拍摄的。

> “我的确试图借助变焦镜以及我们在拍摄那些电影时用过的工具，带来一种 20 世纪 70 年代初期的好莱坞风格、一种‘真实电影’[1] 的风格——那些电影中，《豺狼的日子》是我最喜欢的电影之一。”

司·奥兹[2] 的几句话：“在个人以及众人的生命中，最可怕的冲突常常发生在那些受迫害的人之间，事实常常是一方不把另一方视作患难伙伴，却将其视为己方共同的压迫者。”斯皮尔伯格表示，这几句话在他拍摄这部电影时始终会萦绕在他的心头。

– 在布达佩斯的匈牙利国家歌剧院外取景。为了能在圣诞档期上映以参加 2006 年奥斯卡奖的评选活动，所有在马耳他和匈牙利的镜头都是即拍即剪，在巴黎和纽约的镜头拍完后用了两周时间完成剪辑，然后最终剪辑又用了两周时间来完成。

1　始于 20 世纪 50 年代末的写实主义纪录电影创作流派，包括法国的“真实电影”和美国的“直接电影”两个分支。

2　1939 年—，在当代以色列文坛极具影响力的杰出作家。著有《我的米海尔》《爱与黑暗的故事》等 12 部长篇小说以及多部中短篇小说集、杂文随笔集和儿童文学作品。他的作品被翻译成 30 多种文字，获得过多种文学奖项以及诺贝尔文学奖的提名。

《夺宝奇兵 4：水晶头骨》

（2008 年）

“我对乔治写的故事百依百顺。我也会反对我不相信的东西，但如果乔治最终还是想在《水晶头骨》中引入超时空生物，我也会尽我所能做到最好，以完成他的设想，让他感到骄傲。”

史蒂文·斯皮尔伯格和乔治·卢卡斯在《夺宝奇兵4：水晶头骨》的情节上发生了小小的争执。当然，片名中的头骨必须被交还给南美洲的这座失落之城，而一个阴险歹毒的苏联特工（凯特·布兰切特[1]的出演依旧是为了愉悦观众，而她也的确做到了）相信头骨具有能在冷战中发挥作用的神秘力量（时间是1957年，麦卡锡主义的蛛丝马迹有时会对印第的旅程造成困扰，但不太有说服力）。一路上，我们有幸遇到了印第失散已久的爱人——凯伦·艾伦饰演的玛丽昂，还有希亚·拉博夫饰演的穆特·威廉姆斯——最后不出所料，他是印第和玛丽昂所生的未与父亲相认的儿子。

1　1969年—，澳大利亚影视演员，代表作有《伊丽莎白》《飞行者》《丑闻笔记》等，2014年凭借《蓝色茉莉》获封奥斯卡影后。

影片因此而有了一种团圆的气氛，不过这毫不影响动作场面，包括一段在斯皮尔伯格作品中首屈一指的精彩追车戏。

总之，这是一部明快活泼的续集，尤其是考虑到它上映于第一部《夺宝奇兵》影片问世 27 年后，而且参与本片的创意人才此时大多已经年逾花甲。但是，本片在创意上依然活力十足、宝刀不老。惹恼斯皮尔伯格的是卢卡斯的构想：隐藏在南美洲的那座城市是由外星人建立的——他认为这个想法纯属画蛇添足，但是他“最好的朋友”不这么想。

他们争论了好一会儿，但是谁也没有发脾气，直到斯皮尔伯格退了一步。

–“你想要成为一名出色的考古学家……你就必须走出图书馆！”哈里森·福特无法抵挡长鞭和软呢帽的诱惑。

他心想真是见鬼了，乔治不知怎么回事就认定了这个想法，而它对电影的主线活动并无实质性影响——这条主线，就是让每个人在险象环生但又不会真正危及生命的动作场面里跑来跑去。斯皮尔伯格对人说过他真的别无选择。如果和他有几十年交情的好兄弟想要外星人，那好吧，上帝，咱们就给他外星人好了。

哈里森·福特此时也是这群花甲老人中的一员，有时也扬言要退休。但是在这部影片里，他依然精神矍铄、身手敏捷。在他的戏份里，能让人看出用了特技替身的镜头并不多。不过在我看来，他的表演带有一种渴望——比如少讲几句俏皮话（尽管他一如既往地非常怕蛇），还有在追求他自己的梦想时对所

– 这一次，野心勃勃的穆特·威廉姆斯（希亚·拉博夫饰）与印第同行。事实证明，这两个人除了热爱冒险之外还有更多的共同点。

有人都抱有一种“得饶人处且饶人”的态度。他对野心勃勃的拉博夫很宽容，尽管他对后者进行指教的方式有点儿粗暴。此外，与凯伦·艾伦重逢也让他喜出望外——这是这部电影令人欣喜的地方之一。经过几十年的分离后，这对爱人终于喜结连理，直到电影结尾的死亡才将他们分开。

《水晶头骨》最棒的地方，在我看来就是基调比前几部《夺宝奇兵》影片更加黑暗一点点，没有那么漫不经心在于没有人拿着非常丰厚的薪水却只是走走过场而已。在我看来，福特不管走严肃还是非严肃路线，都始终能在他出演的电影中充分发挥他的价值。他对表演从来不会随随便便一蹴而就——我们有理由注意到，他在接拍影片之前会努力思考良久，而接拍之后就会全身心地投入其中，并且乐于接受搞笑耍宝的好主意。不知何故，我想起了印第为躲过原子弹爆炸造成的危害而憋屈地钻进冰箱里的桥段——这是一场可笑、幽默，还有一点点恐怖的戏，险些就被弃用了。但它也是一个恰到好处的标志，表明斯皮尔伯格永远是个警醒的电影制作人（再想想《世界大战》里燃烧的火车）。

影评人对最终的作品态度友善。有个别人四处抱怨斯皮尔伯格重新捡起了他们认为他早已抛在身后的一类电影，不过其中一位女影评人提醒她的读者：“斯皮尔伯格”（Spielberg）由德语翻译而来，原意为“玩山”。我们之前有时也会注意到，顽童之心是他禀赋中至关重要的一大要素，没有它的话，他至少会有点迷茫。《辛德勒的名单》，没问题；《林肯》，也没问题——但是如果他无法偶尔挥洒一下他的天赋，去拍一些无足轻重的大胆尝试之作，他的导演生涯就不会如此辉煌。简而言之，他不能切断自己的根。

这部影片在戛纳首映——当然，是在非竞赛单元——并且收获了好评，首映之后紧随而来的全球上映反响也不错。一些

–随着行动推移到了20世纪50年代中期，早先影片中的纳粹分子被冷战时期的特工和原子弹试验项目的炮火取代。65岁的哈里森·福特无须借助特技替身（右侧，中图）。由于安全性的提升，他可以亲自出演一些特技镜头，他觉得这样能让他演得更好。

“让我有些惊讶的是影片开拍之后没过几天，我们所有人就都找回了印第的感觉。这是一次真正的重聚，伴随着最甜美的记忆。”

人注意到——或者自以为注意到——与《水晶头骨》上映前引发的兴奋期待相比，人们观影两小时后进行的相关讨论有点儿不够热烈。但是，这个观点未必能够得到证实。在斯皮尔伯格乘游艇出海休养生息的几周里，他的影片在全球各地的首轮放映中坐收逾 7.8 亿美元。有钱赚当然是件高兴事。但是说实话，他的职业生涯到了这个阶段，钱已经不能代表什么了，它只是一种对成功进行量化的手段，而不再是一种用来满足他可能有所不满的任何可以想象出来的物质需求的方法。

– 这有可能是哈里森·福特最后一次把鞭子甩得“啪啪”响了。派拉蒙的高管想用计算机生成这件武器以满足电影行业的安全规则，但是演员坚持要用真东西。

– 下一页：斯皮尔伯格坐在驾驶席上，乔治·卢卡斯在他身旁——虽然在故事情节中的外星元素问题上，两个人的位置反了过来。

“在 1989 年，我以为这一系列影片到此就落幕了，所以我才在结尾处让所有角色在落日余晖中策马而去。但是从那时起，我在全世界最常被问到的问题就是：‘你打算什么时候再拍一部《夺宝奇兵》？’”

《丁丁历险记：独角兽号的秘密》

（2011年）

“虽然它在我心里酝酿了28年，准备工作做了两年，拍摄用了整整三年，但这部影片却是我在《E.T.外星人》之后做过的最有乐趣的事情。”

FROM STEVEN SPIELBERG AND PETER JACKSON

★THE ADVENTURES OF★

TINTIN

PARAMOUNT PICTURES AND COLUMBIA PICTURES PRESENT

IN ASSOCIATION WITH HEMISPHERE MEDIA CAPITAL AN AMBLIN ENTERTAINMENT WINGNUT FILMS KENNEDY/MARSHALL PRODUCTION

A STEVEN SPIELBERG FILM "THE ADVENTURES OF TINTIN" JAMIE BELL ANDY SERKIS DANIEL CRAIG MUSIC BY JOHN WILLIAMS

VISUAL EFFECTS AND ANIMATION BY WETA DIGITAL LTD. SENIOR VISUAL EFFECTS SUPERVISOR JOE LETTERI CO-PRODUCERS CAROLYNNE CUNNINGHAM JASON McGATLIN EDITED BY MICHAEL KAHN, A.C.E.

EXECUTIVE PRODUCERS KEN KAMINS NICK RODWELL STEPHANE SPERRY PRODUCED BY STEVEN SPIELBERG PETER JACKSON KATHLEEN KENNEDY

BASED ON "THE ADVENTURES OF TINTIN" BY HERGÉ SCREENPLAY BY STEVEN MOFFAT AND EDGAR WRIGHT & JOE CORNISH DIRECTED BY STEVEN SPIELBERG

COLUMBIA PICTURES

DECEMBER 21

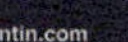

SOUNDTRACK ALBUM ON SONY CLASSICAL

IN THEATRES, real D 3D AND IMAX 3D

– 在法国巴黎北站为特别推出的“丁丁号”高速列车留下亲笔签名。

《法柜奇兵》在法国上映后不久，斯皮尔伯格用他那只有高中“C–”[1]水平的法语来阅读巴黎影评界对本片的一些评语。他注意到其中有一篇将哈里森·福特饰演的角色比作丁丁——后者是比利时画家埃尔热所绘系列漫画书中的英雄人物。他大感好奇，于是找人翻译了这篇影评，并且拿到了两本《丁丁历险记》漫画书。他在书里看到，与书同名的主角（白雪——他那只勇敢而忠诚的猎狐梗总是和他形影不离）身上那种异想天开、勇闯天涯的冒险精神，有几分像印第安纳·琼斯的嫡系堂兄弟。

他们的主要区别在于：丁丁是个少年记者，而琼斯却是个

1 相当于勉强及格的成绩。

- 与制片人彼得 · 杰克逊核对剧本——后者执导了获得巨大成功的《魔戒》三部曲。他俩第一次合作的影片是在 2009 年上映的《可爱的骨头》，那时杰克逊是导演，而斯皮尔伯格是监制。斯皮尔伯格通常戴的棒球帽换成了圆顶礼帽——他和杰克逊一时兴起扮成了汤姆森和汤普森（右上图）[1]——但没有告诉我们谁是谁。

- 前期拍摄和后期效果——对饰演丁丁和阿道克船长的杰米 · 贝尔和安迪 · 瑟金斯进行动作捕捉（翻过来左手页），做出了非常精彩的画面（翻过来右手页）。

1 汤姆森和汤普森是《丁丁历险记》中的一对兄弟警探，衣着和动作几乎永远一模一样，是两个一出场就倒霉的搞笑角色。

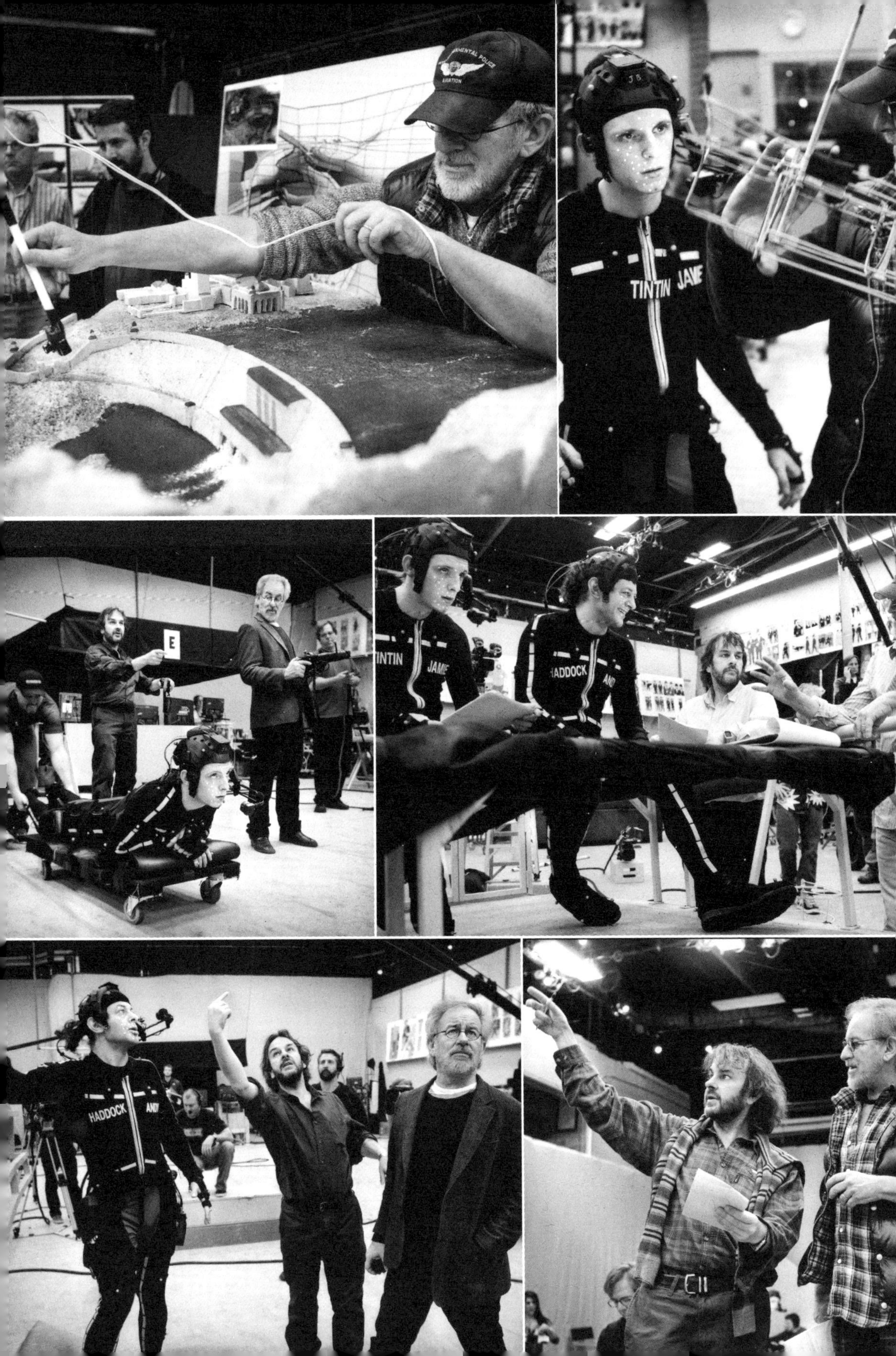
TINTIN
E
HADDOCK

“当有人将《丁丁历险记》与《夺宝奇兵》相比时，我受宠若惊；但是我没有特意采取任何措施来加强这种对比。”

成年考古学家。

“对我来说，它（《丁丁历险记》）有自己独特的魅力。”斯皮尔伯格说道。丁丁在他的冒险之旅中还有另一个搭档——粗鲁的阿奇波尔德·阿道克船长，但最重要的是这套书“故事很热闹，而且有悬念，有动作，有美丽的配色”。

– 斯皮尔伯格成功地抓住了埃尔热原书中让他无比欣赏的“热闹、悬念、动作以及美丽的配色”，还加入了一点《夺宝奇兵》的风格。

他给埃尔热打了电话，想要在下一次来法国时和后者碰个面。这位画家对这次令人期待的会面非常兴奋——他是个超级电影迷，他的作品深受默片喜剧演员的影响。

两人还是没能见上面，因为埃尔热在 1983 年就去世了。但是斯皮尔伯格和凯西·肯尼迪在欧洲拍摄《夺宝奇兵 2：魔域奇兵》时，他的遗孀芳妮邀请他们和她见了一面。那之后没过多久，他就得到了《丁丁历险记》的电影改编权。然而，这个项目流产了。斯皮尔伯格一直找不到他心仪的剧本，过了差不多十年之后他放弃了改编权。

这并不表示斯皮尔伯格失去了兴趣。在 2001 年前后，他再次询问了《丁丁历险记》的版权事宜，得知版权依然名花无主之后，他再次拿下了版权并打算拍摄这部影片。本片最终在 2011 年秋季上映时，距离斯皮尔伯格第一次表现出对《丁丁历险记》的兴趣已经过去了近 28 年——“从我第一次拿到版权起，我的房子记录了这一切。”

这些年来，一些事情发生了变化。这部影片拍成了 3D 的，而更重要的是，它采用了一种比较新的“表演捕捉”技术——它让一向热衷先进技术的斯皮尔伯格无法抗拒。这项技术很难用三言两语解释清楚，但是从本质上讲，它就是把真人演员的动作转化为 2D 或 3D 的计算机动画形象。

这个过程在被称为“表演捕捉舞台”的地方展开——这是一个灰白色的舞台，天花板吊架上挂着一百多台摄影机，它们都对准了在台上进行表演的真人演员。所有演员都身穿特制的单色紧身衣，衣服上每个关节附近都缀有感应点，每一个点的运动都会被摄像机追踪记录下来。

这样就能得到演员的骨骼图像，还能获取他们最微妙的面部表情（由安装在头盔上的小型摄像机捕捉）。此外，影片的布景和道具也是用数字技术渲染出来的。

这部影片中有超过 1200 个镜头——完成表演捕捉之后，素材被转交给动画制作者，后者在为期 18 个月的时间里让每个角色变得有血有肉，而最重要的是让他们有了表情。在这个细致入微的辛苦过程中，《魔戒》三部曲的导演彼得·杰克逊作为一位重要伙伴与斯皮尔伯格鼎力合作。总之，两人都对超出他们预期的最终成果感到非常满意。

他们也的确有资格感到满意。《丁丁历险记》对埃尔热的动人绘画进行的渲染，在我看来是非常忠于原作的。其实，有人听到过斯皮尔伯格嘀咕：表演捕捉过程有时能让他把动作镜头拍出比真实动作更快的速度——当然，这是他在表演者受人体实际运动能力局限的真人拍摄中做不到的。

《丁丁历险记》里有很多动作镜头。事实上，本片在动作方面是一部杰作。斯皮尔伯格在其他很多影片里也拍出了接近于这部炫技之作的单个桥段，但是这些影片中没有一部能和本片相提并论。本片的动作戏满满当当、一刻不停，牵扯到被偷走的藏宝图、笨手笨脚的警探、骂骂咧咧的坏人——当然，还有丁丁、白雪和坏脾气的阿道克船长，他们的处境似乎永远既危险又好笑。

这就自然而然地出现了一个问题：动作场面是不是有点儿太多了？是不是有点儿喘不过气来？在这种影片中，我们在某些时刻需要退后一步，整理一番，需要在急吼吼地开展更大胆的行动之前好好放松一下。观众会心想“这有点儿

太像动画片了吧”。然后才想起来它就是一部动画片。而且从各方面来看，它都是一部相当大胆的动画片，这都是因为它出色地运用了动作捕捉技术。

简而言之，《丁丁历险记》让孩子们很着迷，因为遍布全片的动作场面让几乎在任何年龄段的孩子都能看明白。而陪伴他们观影的父母和监护人也只需要忍受一下影片中相当粗线条的人物刻画和有时过于急躁的快节奏，因为不管怎样，他们一定会惊叹于影片如此专业的制作水准——有些地方比业界最先进的技术水平还要更上一层楼。

我不是特别“喜欢”《丁丁历险记》。换句话说，我认为它过于强调不间断的动作场面，因此而牺牲了温情和幽默。但是，根据同样的理由，你也必须承认片中技术的强大力量——它真正地走在了动作捕捉技术的最前沿；它不是遥远未来的浪潮，而是即将到来的一波浪潮。在当今电影界，这也是一项不小的成就。

《战马》

（2011 年）

“每当探究一段我不是很了解的历史时，我的第一反应就是气愤老师从没教过我这东西。”

–据斯皮尔伯格说，这部电影“一下子就上了快车道，有点像一匹脱缰之马，而我紧紧抓住马的鬃毛……”

人们在谈论根据迈克尔·莫波格[1]所著儿童小说《战马》成功改编为舞台剧时，通常会提到那些和真马大小一致的木偶马——它们以骨架表现马的形象，由观众们看得见的表演者操纵着，通过这种神奇的方式模仿马的动作和姿态，演绎了一匹名叫“乔伊”的骏马历经磨难但最终荣归故里的命运——这匹血统高贵的纯种马在第一次世界大战期间被卖给了英军，经受了西线战场阵地战地狱般的枪林弹雨。

1 1943 年—，英国著名作家、诗人、剧作家和词作家，他在儿童文学领域的成就最为夺目，2003 年荣获英国儿童文学最高荣誉称号“童书桂冠作家”。

“这是一个关于人性的故事，讲述了动物在人类角色之间的纽带作用。事实上，它更是一个关于希望的故事，告诉我们即便在暗无天日的环境下也真的会有希望存在。”

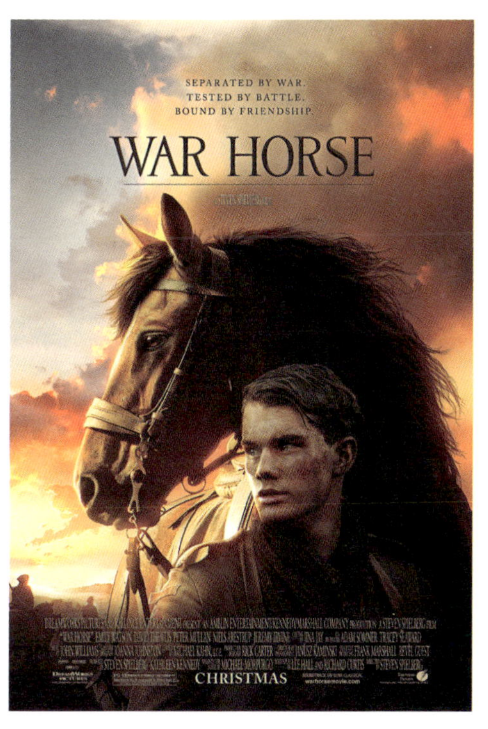

– 摄影师贾努兹：卡明斯基展现了德文郡乡村的壮美景色，以及阵地战的惨烈战场，这些画面是《战马》的优势之一。

- 上一页：杰瑞米·艾文饰演的艾伯特集纯真和坚毅于一身，不懈地寻找乔伊（上方前三张照片）。“拿出勇气来！”本尼迪克特·康伯巴奇[1]、帕特里克·肯尼迪[2]和汤姆·希德勒斯顿[3]率部杀入敌营，但注定有去无回（上方最右）。

这种出其不意的表现方式乍一看的确令人惊艳，但是片刻之后，这些跑来跑去的马儿就开始失去光芒。或者说，在我看来是这样的。随着时间慢慢过去，舞台上的木偶马（尤其是乔伊）越来越分散了观众对故事本身的注意力。故事其实非常单纯：一个穷困潦倒的农夫做了傻事，花了一大笔冤枉钱买下了这匹马，而他的儿子艾伯特在驯马过程中和这匹马建立了牢不可破的关系；战争打响之后，这匹马被卖给了军队，然后艾伯特在影片余下的时间里一直在战壕中寻找它——男孩得到了马，男孩失去了马，男孩重新得到了马。

梦工厂的主要合作伙伴及联合主席斯塔西·斯奈德在伦敦看了这部舞台剧，凯瑟琳·肯尼迪也看了——她们兴致勃勃地向斯皮尔伯格汇报了此剧拍成电影的可能性，并且在他没有过目的情况下就让他买下版权。斯皮尔伯格和妻子来到伦敦观看此剧时，版权事宜仍在谈判中，不过他非常喜欢这场演出。

木偶装置根本不可能被搬到电影中，本片和大多数电影一样，必须采用浪漫的现实主义手法，而斯皮尔伯格对此很在行。他本来想下一部电影拍《林肯》，都快要准备做预算和通知演员了。另一方面，《战马》的进度更快一些——本片不过是把一部结构很棒的戏剧改编成电影而已，李·哈尔和后来参与编剧的理查德·柯蒂斯很快就完成了任务。“它吸引我的地方，在于让我看到了一个如此强有力的故事。”斯

1 1976年—，英国演员、制片人，由于在BBC迷你剧《神探夏洛克》里饰演福尔摩斯而走红。

2 1977年—，英国演员，出演过《剑桥风云》《慕尼黑》《美好的一年》等电影以及《唐顿庄园》等电视剧。

3 1981年—，英国演员，电影作品有《雷神》《午夜巴黎》《复仇者联盟》等。

皮尔伯格说道，“重要的仅仅是故事的人情味和我对战争史诗故事的兴趣，木偶倒是变得无关紧要了。”

于是，“它一下子就上了快车道，有点儿像一匹脱缰之马，而我紧紧抓住马的鬃毛，因为这匹马没有缰绳。”

把这部剧作改编成电影时，显然有必要完全依赖于故事的长处，以及浪漫的现实主义力量来维持我们的兴趣。我当初根本不确信《战马》会有这种力量，但是它做到了，因为斯皮尔伯格在田园生活和战场硝烟之间保持了一种强劲的张力，最终拍出了一部力道惊人的影片——至少对我来说是这样的。这是一部从结构到内涵都非常煽情的影片，对煽情毫不避讳。但是斯皮尔伯格也从故事的煽情元素中抽身出来，保持了自己与它们之间的距离。在很大程度上，他相信这个不乏可怕事件但也充满美妙旋律的故事本身是极其单纯的。

从某种程度上讲，本片也探索了他不熟悉的领域，那就是田园风格。影片长长的开场部分以田园诗的方式呈现了德文郡的乡村风光，美得令人心醉。虽然持有这座农场的地产经纪大亨动不动就来威胁一通，但是由杰瑞米·艾文饰演、集纯真和执着于一身的艾伯特，以及他的父母，尤其是艾米丽·沃森[1]率真演绎的坚忍的母亲，被刻画得非常坚强。

这匹马，这个男孩，他们之间越来越深厚的羁绊洋溢着一种隽永而朴实的美感。世界本来就应该是这个样子，这与影片余下部分重点表现的残酷战争形成了鲜明对比，在我们的脑海里挥之不去。战争场景把我们带入了斯皮尔伯格更熟悉的领域，尽管我必须说乔伊在前线经受的生死考验没怎么发挥出他既有的功力。这只动物焕发出了野性气息，虽然受了惊吓但依旧英勇无畏。我们也必须承认，它在枪林弹雨中撑过几分钟都是命大，更别提在前线活过四年多了。这场战争实在是旷日持久，艾伯特最终也入伍参战了，不过他把很多时间用在了寻找爱驹上。

用斯皮尔伯格的话说，《战马》仿佛是一种天赐之物——我也这样认为。我觉得就连他也惊讶于它那令人热血沸腾的强烈情感，而全世界大多数看了这

1　1967年—，英国戏剧和影视演员，曾凭借《破浪》和《她比烟花寂寞》两次获得奥斯卡影后提名。

部影片的观众都会遗忘那些木偶——说实话，它们对于他们而言不过是个遥远的传说罢了。

与此同时，我们也要客观地看待这部电影。我认为本片的感染力比我所预料的更强大——这一点我已经说得很明确。它得益于兼具柔情和惊恐的现实主义氛围，并且按照典型的斯皮尔伯格式紧凑节奏一气呵成，就连田园牧歌式的开场和阵地战场景之间的急转直下都被一带而过，丝毫没有拖泥带水。我们先是在一个地方，然后一下子就到了另一个大不相同的地方。在我看来，我们在本片中至少能找到一种对影片题材不同寻常的热情。这并不是说斯皮尔伯格以前拍电影时没有全身心地投入，但是我觉得《战马》有一种不一样的东西，这在外行看来令人费解，而对斯皮尔伯格自己而言可能也有点儿莫名其妙，尽管他进行了尝试。

“你知道，如果我一直保持非常活跃的状态，我就能更好地掌控我的生活和工作——如果没有太多空闲让我有机会对某件事深思熟虑的话。我最大的敌人就是想太久，而最好的伙伴就是立即行动——我琢磨太久的事情最后都没做成。而如果我在一个项目上一口气耗时太久，没有机会让自己恢复精力或是干脆休息一下再回来，那么这个项目很快就会变味。哪怕在我面前的是林肯、是恐龙或是 E.T.，我也不能这么做。我的生活里还需要其他东西，个人生活和职业生涯都需要。”

《丁丁历险记》和《战马》档期重合，两者在美国上映的时间只相隔几天——这种情况成了斯皮尔伯格最喜欢的一个完美例子：一个是他苦心酝酿了差不多30年的项目，另一个则是突如其来闯入他生活的东西；一个是轻松欢快但大胆运用新技术的电影，另一个是严肃的传统型影片；一部吸引着他那颗永不泯灭的童心，另一部召唤出了他作为文化奋斗者的一面。“我难道不能兼具两者吗？”斯皮尔伯格曾经以哀伤的口吻反问道。

答案是，他当然能。尽管从过去到现在，很少有电影制作人具备这种天赋异禀的涉猎面（以及雄心壮志）。我认为这比其他任何特质都更能凸显他的天赋，我还认为那些对他变化多端的特点忽略不提的影评人令人匪夷所思，他们被他多层次的累累硕果搞得眼花缭乱，以至于注意不到这种不安分才是这个男人的本色。

– 上图：在达特穆尔浑然天成的落日余晖中，艾伯特骑着乔伊徐徐而行，这一幕在一定程度上受了约翰·福特的影响。

– 下图：本片于 2011 年 12 月 4 日在纽约林肯中心举行了全球首映式，斯皮尔伯格两侧分别为梦工厂联合主席兼 CEO 斯塔西·斯奈德（左），以及他多年来的“御用”制片人凯瑟琳·肯尼迪（右）。

“能和我们这个时代最伟大的演员之一合作，让我激动不已。他多年来一直没答应，甚至七年前就在我邀请他饰演林肯时拒绝了我。我觉得他当时很犯懵。”

后记

在我写下这些文字时，斯皮尔伯格正在弗吉尼亚州的里士满拍摄《林肯》——本片改编自多丽丝·科恩斯·古德温获得普利策奖的《林肯与劲敌幕僚》一书，由丹尼尔·戴·刘易斯[1]领衔主演，剧本再次由托尼·库什纳编写。据说，亚伯拉罕·林肯是他最持久的执念，可以追溯到他的童年时代。

在他七八岁的时候，他的一个叔叔带着他和自己的儿子去华盛顿参观历史名胜，而最让他难忘的一处景点就是林肯纪念堂——他在那里吓了一跳。“我很小，而林肯很高大，坐在宝座，就是那把大椅子上。我被这尊雕像深深地震慑住了，几乎不敢

1 1957年—，有一半儿犹太血统的英国演员，1990年因《我的左脚》、2008年因《血色将至》两次夺得奥斯卡最佳男主角奖，2013年又凭借《林肯》成为史上首位三度问鼎奥斯卡影帝的男演员。

直视林肯的脸。”

然而，这并未阻止他阅读关于林肯的东西。“现在我知道我曾经患有阅读困难症——当时我并不知道——但是当我开始阅读时，提到林肯的材料永远比学校的理科习题更能让我读进去。”他补充道，“能做的事情我都做了，除了买一辆林肯车——我什么都有，就是没有车。我读了很多书，看了很多纪录片。”然后在 1999 年，他遇到了作者多丽丝·科恩斯·古德温，询问她接下来准备做什么。她表示自己想写一本讲述林肯任总统期间的书，而斯皮尔伯格对此做出的答复是：“我会买的。”她说她连出版商都没找好，他回答道：“这与我无关。我现在就要向你买下它，等你找到出版商的时候，只要告诉他们你已经把电影版权给了我和梦工厂就行。”事情的确被他言中了。

这些年来，斯皮尔伯格委托别人写过一些剧本，但是对他来说没有一个剧本足够紧扣林肯个性中最让他感兴趣的方面。直到他把编剧工作交给库什纳之后，他才开始听到林肯及其“劲敌幕僚”发出的声音。不过，库什纳的作品并不简洁：他的初稿长达约为 550 页——一个典型电影剧本的长度通常约为 120 页。

然而，这个剧本中有一段内容引起了斯皮尔伯格的共鸣。它讲述了废除奴隶制的美国宪法第十三条修正案的通过，以及美国内战的结束。换句话说，这些事件发生在林肯生命中的最后几个月里。斯皮尔伯格让库什纳重点描写这一部分，而最终定稿的剧本约有 150 页，片长约为两个半小时。影片定于 2012 年秋季上映[1]。

到那个时候，斯皮尔伯格应该已经完成了科幻巨作《机器人启示录》的主要拍摄工作[2]——这是一部与《林肯》截然不同的影片，讲述了未来世界一场机器人叛乱造成的严重后果。再往后面，又会是什么影片？

谁也不知道——据我了解，就连史蒂文·斯皮尔伯格自己也不知道。

---

1 《林肯》于 2012 年 11 月 9 日在北美首映，获得了口碑票房双丰收，美国本土票房 1.82 亿美元，全球总票房 2.75 亿美元。

2 （译注：该片的实际筹拍过程并不顺利，2012 年 6 月将上映日期从原计划的 2013 年 7 月 3 日调整到了 2014 年 4 月 25 日，而斯皮尔伯格在 2013 年初又承认该片由于花费严重超支和自己想要重写剧本而搁置。截至 2014 年 8 月，该片仍未敲定最终上映日期。）

“我就像一个眼馋肚饱的小孩。我想拍的电影实在太多了，我曾经在闲坐无事时纳闷为何没人去拍关于这样那样题材的电影。现在，我可以亲自拍摄那些被遗漏的电影了。”

–“为什么会有人停止这项工作呢？”斯皮尔伯格对电影终生不渝的爱恋毫无减退迹象，不过如今他更喜欢舒服一点的座椅，不会像 1982 年担任《鬼驱人》制片人时那样踩着脚踏车在米高梅电影公司四处溜达了。

他现年 65 岁[1]，在美国已经可以领取退休金了，虽然这听起来荒谬至极。考虑到他的净资产据估计有 30 亿美元，我认为他在短时间内不太可能向政府伸手要钱。

此外，他健康状况良好，对工作也满怀热情。他有时会想到好友克林特·伊斯特伍德在 82 岁高龄还能拍出比以前更好的电影，他也渴望像后者那样老当益壮、晚年多产。“如果去做，这个梦想总会成真。”他停下来想了一下，“你知道，只是……为什么有人会停下来？”

到底为什么呢？如果他真的突然隐退，他将会坐拥六七部令世人难以忘怀的经典佳片：《E.T. 外星人》《太阳帝国》《辛德勒的名单》《拯救大兵瑞恩》等，还有其他多部摄制技巧专业、观众喜闻乐见的娱乐片。再者，这些影片的题材比人们可以随口说出的任何导演都要广泛。它们也有某些一致的主题（沟通、迷失的男孩等）——这一点被很好地隐藏了起来，不至于分散观众的注意力，但是对于哪怕对他的作品体系稍加思考的人来说也是显而易见的。

总之，他实在太成功了。我们喜欢艺术家百折不挠地艰苦奋斗，而他却并未经历很多坎坷。他也实在太富有了——至少从《大白鲨》开始就一直如此。这些因素掩盖了他的作品本质上的严肃性和强大的技术实力，而这些成就是少数几次失败无法抹杀的。

– 上一页：化身为亚伯拉罕·林肯的丹尼尔·戴·刘易斯威仪堂堂、形神毕肖，给斯皮尔伯格带来了灵感。

1　2012 年本书成稿时，生于 1947 年的斯皮尔伯格正好 65 岁。

“我的两大挚爱是家庭和电影，平衡这两者是我人生中最大的挑战。”

– 鞋跟跷到头顶上——在 1991 年喜结连理的史蒂文·斯皮尔伯格和凯特·卡普肖自从拍摄《夺宝奇兵 2：魔域奇兵》中上海夜总会那场戏之后，一路携手同行至今。

如果本书有一个主题，那就是斯皮尔伯格的巨大成功埋没了他的严肃用意。在我看来，他被人们太过理所当然地视为一个太过无所不能的人。他已经拥有了一切，包括全世界的喜爱和尊重，以及应得的各种奖项。他无须再向任何人证明任何东西，当然除了向他自己。对他来说，永远会有下一部让他更加无法抗拒的影片等着他去拍摄，人们也可以信心十足地想象到这一点。

– 维塔工作室（Weta Workshop）的克里斯·盖斯为这位导演绘制的肖像。（维塔工作室曾经参与《丁丁历险记》的创作。）

导演作品

导演
业余影片

《最后的枪》
8 分钟
编剧：史蒂文·斯皮尔伯格
摄影：史蒂文·斯皮尔伯格
演员：史蒂文·斯皮尔伯格
1959

《战机小组》
8 分钟
编剧：史蒂文·斯皮尔伯格
摄影：史蒂文·斯皮尔伯格
演员：史蒂文·斯皮尔伯格
1961

《无处可逃》
40 分钟
编剧：史蒂文·斯皮尔伯格
摄影：史蒂文·斯皮尔伯格
演员：安妮·斯皮尔伯格
1961

《火光》
140 分钟
编剧：史蒂文·斯皮尔伯格
摄影：史蒂文·斯皮尔伯格
演员：罗伯特·罗宾、贝丝·韦伯、拉基·劳尔、玛格丽特·佩尤
1964 年 3 月 24 日公开放映

《滑流》
未完成
编剧：史蒂文·斯皮尔伯格、罗杰·厄内斯特
摄影：瑟奇·艾妮蕾
演员：吉姆·贝克塞斯、托尼·比尔、罗杰·厄内斯特、彼得·马非、安德鲁·奥维耶多
1967

《安培林》
22 分钟

编剧：史蒂文・斯皮尔伯格
摄影：艾伦・戴维奥
演员：理查德・莱文、帕梅拉・麦克麦勒
1968 年 12 月 18 日公开放映

剧情片

注意：是美国上映日期（全球发行），除非特别标注

《决斗》
（环球电视）
90 分钟（电影版）
74 分钟（电视版）
编剧：理查德・麦瑟森
摄影：杰克・A. 马塔
演员：丹尼斯・韦弗（大卫・曼恩）、艾迪・费尔斯通（咖啡店长）、基恩・戴纳斯基（在咖啡店的人）
电视版最先在 1971 年 11 月 10 日（加拿大）播出；电影版在 1973 年 3 月 21 日上映（欧洲）

《横冲直撞大逃亡》
（环球 / 扎努克 – 布朗）
110 分钟
编剧：哈尔・巴伍德、马修・罗宾斯
摄影：维尔莫斯・齐格蒙德
演员：歌蒂・韩（鲁・琴・波普林）、本・约翰逊（哈林・唐纳警长）、迈克尔・萨克斯（巡警麦斯威尔・斯莱德）、威廉・阿瑟东（克洛维斯・迈克・波普林）、格雷戈里・沃尔科特（巡警厄尼・马什伯恩）
1974 年 4 月 5 日上映

《大白鲨》
（环球 / 扎努克 – 布朗）
124 分钟
编剧：卡尔・哥特列布、彼得・本奇利
摄影：比尔・巴特勒
演员：罗伊・施奈德（马丁・布洛迪）、罗伯特・肖恩（萨姆・昆特）、理查德・德莱福斯（马特・霍普）、洛兰・加里（艾伦・布洛迪）、莫瑞・汉密尔顿（沃恩市长）、杰弗瑞・克莱默（亨德里克斯）
1975 年 6 月 20 日上映

《第三类接触》
（哥伦比亚 /EMI）
135 分钟
编剧：史蒂文・斯皮尔伯格
摄影：维尔莫斯・齐格蒙德
演员：理查德・德莱福斯（罗伊・尼瑞）、弗朗索瓦・特吕弗（克劳德・拉康）、特瑞・加尔（罗尼・尼瑞）、梅林达・狄龙（吉莉安・吉勒）、鲍勃・巴拉班（大卫・劳克林）
1977 年 11 月 16 日上映

《1941》
（环球 / 哥伦比亚 /A-Team）
118 分钟
编剧：罗伯特·泽米吉斯、鲍勃·盖尔
摄影：威廉·A. 弗雷克
演员：丹·艾克罗伊德（弗兰克·特瑞）、尼德·巴蒂（沃德·道格拉斯）、约翰·贝鲁西（怀尔德·比尔·凯尔所上尉）、洛兰·加里（约翰·道格拉斯）、默里·汉密尔顿（克劳德·克伦姆）、克里斯托弗·李（沃尔夫冈·凡·克兰施密特）、提姆·安锡森（卢米斯·伯克黑德上尉）、三船敏郎（司令官）、沃伦·奥兹（“疯子”马多克斯上校）、罗伯特·斯塔克（陆军少校约瑟夫·W. 史迪威）
1979 年 12 月 14 日上映

《夺宝奇兵：法柜奇兵》
（派拉蒙 / 卢卡斯影业）
115 分钟
编剧：劳伦斯·卡斯丹
摄影：道格拉斯·斯洛科姆
演员：哈里森·福特（印第安纳·琼斯）、凯伦·阿兰（玛丽恩·瑞恩伍德）、保罗·弗里曼（雷内·贝洛克博士）、罗纳德·莱西（阿诺德·托特）、约翰·里斯 - 戴维斯（萨拉赫）、丹霍姆·艾略特（马库斯·布洛迪博士）
1981 年 6 月 14 日上映

《E.T. 外星人》
（环球）
115 分钟
编剧：梅丽莎·马西森
摄影：艾伦·戴维奥
演员：迪伊·华勒斯（玛丽）、亨利·托马斯（艾略特）、彼得·考约特（奇斯）、罗伯特·麦克纳夫顿（迈克尔）、德鲁·巴里摩尔（格蒂）、K.C. 马蒂尔（格雷格）、肖恩·弗瑞（史蒂文）
1982 年 6 月 11 日上映

《阴阳魔界》
（电影选集由约翰·兰迪斯、史蒂文·斯皮尔伯格、乔·但丁、乔治·米勒执导）
（华纳兄弟）
101 分钟
斯皮尔伯格部分：“踢罐子”
编剧：乔治·克莱顿·约翰逊、理查德·麦瑟森、梅林达·麦瑟森（扮演约什·罗根）
摄影：艾伦·戴维奥
演员：斯卡特曼·克罗瑟斯（布鲁姆先生）、比尔·奎恩（康罗伊先生）、马丁·加纳（韦恩斯顿先生）、塞尔玛·戴尔蒙德（韦恩斯顿太太）、海伦·肖（邓普西太太）
1983 年 6 月 24 日上映

《夺宝奇兵 2：魔域奇兵》
（派拉蒙 / 卢卡斯影业）
118 分钟
编剧：威拉德·赫依克、格洛里亚·卡茨
摄影：道格拉斯·斯洛科姆
演员：哈里森·福特（印第安纳·琼斯）、凯特·卡普肖（威莉·斯科特）、关继威（小豆丁）、

阿莫瑞什·普瑞（莫拉·莱姆）、罗斯汉·塞斯（查特·拉尔）、菲利普·斯通（布朗伯特）
1984 年 5 月 28 日上映

《紫色》
（安培林 / 古伯－彼得斯公司 / 华纳兄弟）
154 分钟
编剧：曼诺·曼依杰斯
摄影：艾伦·戴维奥
演员：丹尼·格洛弗（艾尔伯特）、乌比·戈德堡（西莉）、玛格丽特·艾弗瑞（莎格）、奥普拉·温弗里（索菲亚）、威拉德·皮尤（哈普）
1985 年 12 月 22 日上映

《太阳帝国》
（安培林 / 华纳兄弟）
152 分钟
编剧：汤姆·斯托帕德
摄影：艾伦·戴维奥
演员：克里斯蒂安·贝尔（吉姆·杰米·格雷厄姆）、约翰·马尔科维奇（贝西）、米兰达·理查森（维克多太太）、奈杰尔·哈维斯（罗林斯博士）、乔·潘托里亚诺（弗兰克·德马雷斯特）、莱斯利·菲利普斯（马克斯顿）
1987 年 12 月 13 日上映

《夺宝奇兵 3：圣战奇兵》
（派拉蒙 / 卢卡斯影业）
127 分钟
编剧：杰弗瑞·鲍姆
摄影：道格拉斯·斯洛科姆
演员：哈里森·福特（印第安纳·琼斯）、肖恩·康纳利（亨利·琼斯教授）、丹霍姆·艾略特（马库斯·布洛迪博士）、艾莉森·杜迪（艾尔莎·施奈德博士）、约翰·里斯－戴维斯（萨利赫）、朱利安·格洛弗（沃特·多诺万）、瑞弗·菲尼克斯（年轻的印第）
1989 年 5 月 24 日上映

《直到永远》
（安培林 / 联美公司 / 环球）
122 分钟
编剧：杰里·贝尔森
摄影：迈克尔·所罗门
演员：理查德·德莱福斯（皮特·桑迪克）、霍利·亨特（多琳达·德斯顿）、布拉德·约翰逊（泰德·贝克）、约翰·古德曼（阿尔·雅克）、奥黛丽·赫本（哈普）
1989 年 12 月 22 日上映

《铁钩船长》
（安培林 / 三星）
144 分钟
编剧：吉姆·V. 哈特、马里亚·斯考奇·马默
摄影：迪恩·康迪
演员：达斯汀·霍夫曼（虎克船长）、罗宾·威廉姆斯（彼得·班宁）、朱莉娅·罗伯茨（小叮当）、

鲍勃·霍斯金斯（斯米）、玛吉·史密斯（温蒂奶奶）
1991 年 12 月 15 日上映

《侏罗纪公园》
（环球 / 安培林）
127 分钟
编剧：迈克尔·克莱顿、大卫·凯普
摄影：迪恩·康迪
演员：山姆·尼尔（阿兰·格兰特博士）、劳拉·邓恩（埃莉·萨特勒）、杰夫·高布伦（伊恩·马尔科姆）、理查德·阿滕伯勒（约翰·哈蒙德）、鲍勃·佩克（罗伯特·马尔登）
1993 年 6 月 13 日上映

《辛德勒的名单》
（环球 / 安培林）
195 分钟
编剧：斯蒂文·泽里安
摄影：贾努兹·卡明斯基
演员：连姆·尼森（奥斯卡·辛德勒）、本·金斯利（伊扎克·斯特恩）、拉尔夫·费因斯（阿蒙·高斯）、卡罗琳·古道（艾米丽·辛德勒）
1993 年 12 月 17 日上映

《侏罗纪公园 2：失落的世界》
129 分钟
编剧：大卫·凯普
摄影：贾努兹·卡明斯基
演员：杰夫·高布伦（伊恩·马尔科姆博士）、朱丽安·摩尔（莎拉·哈丁博士）、彼得·斯特曼（罗兰·登博）、理查德·阿滕伯勒（约翰·哈蒙）
1997 年 5 月 27 日上映

《断锁怒潮》
（梦工厂 /HBO）
155 分钟
编剧：大卫·弗兰佐尼
摄影：贾努兹·卡明斯基
演员：摩根·弗里曼（西奥多·乔德森）、奈杰尔·霍森（马丁·冯·布伦）、安东尼·霍普金斯（约翰·昆西·亚当斯）、杰曼·翰苏（辛克）、马修·麦康纳（罗杰·谢尔曼·伯德温）
1997 年 12 月 14 日上映

《拯救大兵瑞恩》
（安培林 / 梦工厂 / 马克戈登制作人公司 / 缪区尔电影公司 / 派拉蒙）
169 分钟
编剧：罗伯特·罗达特
摄影：贾努兹·卡明斯基
演员：汤姆·汉克斯（约翰·H. 米勒上尉）、汤姆·赛兹莫尔（迈克·哈瓦特中士）、爱德华·伯恩斯（士兵丹尼尔·杰克逊）、亚当·戈登堡（士兵斯坦利·梅丽什）、马特·达蒙（士兵詹姆斯·莱恩）、特德·丹森（弗雷德·哈米尔上尉）
1998 年 7 月 26 日

《人工智能》
（华纳兄弟 / 梦工厂 / 安培林）
146 分钟
编剧：史蒂文・斯皮尔伯格
摄影：贾努兹・卡明斯基
演员：海利・乔・奥斯蒙（大卫）、弗兰西斯・奥康纳（莫妮卡・斯温登）、山姆・罗巴兹（亨利・斯温登）、杰克・托马斯（马丁・斯温登）、裘德・洛（吉格罗・乔）、威廉・赫特（霍比教授）、肯・梁（社长）
2001 年 7 月 1 日上映

《少数派报告》
（二十一世纪福克斯 / 梦工厂 / 克鲁斯 – 华纳 / 蓝郁金香制片 / 罗纳德・舒塞特 – 加里・戈德曼）
145 分钟
编剧：斯科特・弗兰克、约翰・科恩
摄影：贾努兹・卡明斯基
演员：汤姆・克鲁斯（约翰・安德顿长官）、马克思・冯・西多（导演拉马尔・伯吉斯）、斯蒂夫・哈里斯（杰德）、尼尔・麦克唐纳（弗莱彻）、帕特里克・基尔帕特里克（诺特）、杰西卡・卡普肖（伊凡娜）、柯林・法瑞尔（丹尼・威特沃）、萨曼莎・莫顿（阿加莎）
2002 年 6 月 17 日上映

《猫鼠游戏》
（梦工厂 / 康普公司 / 豪华影像 / 帕克斯 – 麦克唐纳 / 缪斯）
141 分钟
编剧：杰夫・内桑森
摄影：贾努兹・卡明斯基
演员：莱昂纳多・迪卡普里奥（小弗兰克・阿巴内尔）、汤姆・汉克斯（卡尔・汉拉第）、克里斯托弗・沃肯（弗兰克・阿巴内尔）、马丁・辛（罗杰・斯特朗）、娜塔莉・贝伊（宝拉・阿巴内尔）、艾米・亚当斯（布伦达・斯通）
2002 年 12 月 29 日上映

《幸福终点站》
（梦工厂 / 安培林 / 帕克斯 – 麦克唐纳）
128 分钟
编剧：萨沙・杰瓦西、杰夫・内桑森
摄影：贾努兹・卡明斯基
演员：汤姆・汉克斯（维克多・纳沃斯基）、凯瑟琳・泽塔 – 琼斯（艾米莉亚・沃伦）、斯坦利・图齐（弗兰克・狄克逊）、切・麦克布瑞德（马尔罗伊）、迭戈・鲁纳（恩里克・克鲁兹）
2004 年 6 月 20 日上映

《世界大战》
（派拉蒙 / 梦工厂 / 安培林 / 克鲁斯 – 华纳）
116 分钟
编剧：乔什・弗莱德曼、大卫・凯普
摄影：贾努兹・卡明斯基
演员：汤姆・克鲁斯（雷・费瑞尔）、达科塔・范宁（瑞秋・费瑞尔）、米兰达・奥图（玛丽・安）、贾斯汀・查特文（罗比）、蒂姆・罗宾斯（哈兰・奥格威）、瑞克・冈萨雷斯（文森特）
2005 年 6 月 23 日上映

《慕尼黑》
（梦工厂 / 环球 / 安培林 / 肯尼迪 – 马歇尔 / 巴里孟德尔制作人公司）
164 分钟
编剧：托尼·库什纳、艾瑞克·罗斯
摄影：贾努兹·卡明斯基
演员：艾瑞克·巴纳（艾夫纳）、丹尼尔·克雷格（斯蒂文）、塞伦·希德（卡尔）、马修·阿马立克（罗伯特）、汉斯·齐施勒（汉斯）、阿耶莱特·祖里尔（戴弗娜）、杰弗里·拉什（以法连）
2005 年 12 月 23 日上映

《夺宝奇兵 4：水晶头骨》
（派拉蒙 / 卢卡斯影业）
122 分钟
编剧：大卫·凯普
摄影：贾努兹·卡明斯基
演员：哈里森·福特（印第安纳·琼斯）、凯特·布兰切特（伊琳娜·斯帕克）、凯伦·阿兰（玛丽莲·雷文伍德）、希亚·拉博夫（穆特·威廉姆斯）、雷·温斯顿（乔治·迈克尔）、约翰·赫特（奥克斯利教授）
2008 年 5 月 25 日上映

《丁丁历险记》
（派拉蒙 / 哥伦比亚 / 安培林 / 温格纳特 / 肯尼迪·马歇尔）
107 分钟
编剧：史蒂文·莫法特、埃德加·赖特、乔·考尼什
摄影：贾努兹·卡明斯基
演员：杰米·贝尔（丁丁）、安迪·瑟金斯（阿道克船长）、丹尼尔·克雷格（伊凡诺夫斯基·萨卡林）、西蒙·佩吉（警探汤普森）、尼克·弗罗斯特（汤姆森）
2011 年 12 月 21 日上映

《战马》
（梦工厂 /Reliance/ 安培林 / 肯尼迪 – 马歇尔）
146 分钟
编剧：李·霍尔、理查德·柯蒂斯
摄影：贾努兹·卡明斯基
演员：杰瑞米·艾文（阿尔伯特·纳拉克特）、艾米丽·沃森（罗丝·纳拉克特）、彼得·穆兰（特德·纳拉克特）、大卫·休里斯（里昂）、本尼迪克特·康伯巴奇（梅杰·斯图尔特）
2011 年 12 月 25 日上映

《林肯》
（Office Seekers/ 梦工厂 / 安培林 / 想象娱乐电影公司 / 肯尼迪 – 马歇尔 / 帕克斯 – 麦克唐纳 / 参与者制作公司 /Reliance/21 世纪福克斯）
编剧：托尼·库什纳、约翰·罗根、保罗·韦布
摄影：贾努兹·卡明斯基
演员：丹尼尔·戴 – 刘易斯（亚伯拉罕·林肯）、约瑟夫·高登 – 莱维特（罗伯特·托德·林肯）、杰瑞德·哈里斯（尤利西斯·S. 格兰特）、汤米·李·琼斯（撒迪厄斯·史蒂文斯）
2012 年 12 月上映

电视剧

《夜间画廊》
（环球电视）
两集，1969/1971

《维尔比医生》
（环球电视）
1 集，1970

《游戏之名》
（环球电视）
1 集，1971

《精神病医生》
（环球电视）
2 集，1971

《欧文・马歇尔：法律顾问呢》
（环球电视）
1 集，1971

《惊奇故事》
（安培林 / 环球电视）
2 集，1985

电视电影

《神秘电影：神探科伦坡：书籍谋杀案》
（环球电视）
76 分钟
编剧：史蒂文・博奇科
摄影：拉塞尔・梅蒂
演员：彼得・法尔克（科伦坡）、杰克・卡西迪（肯・富兰克林）、罗斯玛丽・福赛斯（乔安娜・费里斯）
1971 年 9 月 15 日首播

《决斗》（参见 22 页）

《邪灵》
（贝尔福特 /CBS）
73 分钟
编剧：罗伯特・克劳斯
摄影：比尔・布特勒
演员：桑迪・丹尼斯（马乔里・沃登）、达伦・麦克加文（保罗・沃登）、拉尔夫・贝拉米（哈里・林肯）、杰夫・科里（格尔曼）
1972 年 2 月 21 首播

《萨尔维奇》
（环球电视）
73 分钟
编剧：理查德・莱文森、威廉・林克、马克・罗杰斯
摄影：比尔・布特勒
演员：马丁・兰道（保罗・萨尔维奇）、芭芭拉・贝恩（盖尔・艾伯特）、威尔・吉尔（乔尔・赖克）
1973 年 3 月 31 日首播

纪录片

《未完成的旅程》
（CBS）
21 分钟
编剧：提姆・威洛克斯
演员：玛雅・安吉罗、比尔・克林顿、奥西・戴维斯、鲁比・狄、爱德华・詹姆斯・奥尔莫斯、山姆・沃特森（叙述者）
1999 年 12 月 31 日首播

《无尽的通话》
（阿伦敦 / 金克斯 – 科恩）
7 分钟
编剧：洛娜・格雷厄姆
演员：汤姆・汉克斯（叙述者）、托比・穆利（舞会之王）
在 2008 年 8 月 25 日 –28 日民主党全国大会上首播

制片人

剧情片

注意：对于斯皮尔伯格执导和制作的电影，只列出制作人细节。更多细节查看 330—338 页。

《一亲芳泽》
（环球）
导演：罗伯特・泽米吉斯
编剧：罗伯特・泽米吉斯、鲍勃・盖尔
制作人：塔玛拉・艾希耶弗、亚历山大・罗斯
执行制作人：鲍勃・盖尔
监制：史蒂文・斯皮尔伯格
演员：南茜・艾伦、波比・迪・奇科、马克・麦克卢尔
1978 年 4 月 21 日上映

《尔虞我诈》
（哥伦比亚 /A–team）
导演：罗伯特・泽米吉斯
编剧：罗伯特・泽米吉斯、鲍勃・盖尔
制作人：鲍勃・盖尔
执行制作人：约翰・米利厄斯、史蒂文・斯皮尔伯格、约翰・G. 威尔森
演员：库尔特・拉塞尔、杰克・瓦尔登、格雷特・格雷厄姆
1980 年 7 月 11 日上映

《天南地北一线牵》
（环球 / 安培林）
导演：迈克尔・艾普特
编剧：劳伦斯・卡斯丹
制作人：鲍勃・拉森
联合制作人：塞尔达・巴伦、杰克・罗森塔尔
执行制作人：伯尼・布里斯特恩、史蒂文・斯皮尔伯格
演员：约翰・贝鲁西、布莱尔・布朗、艾伦・加菲尔德
1981 年 9 月 18 日上映

《E.T. 外星人》
制作人：凯瑟琳・肯尼迪、史蒂文・斯皮尔伯格
联合制作人：梅丽莎・麦迪逊

《鬼驱人》
（MGM/SLM）
导演：托比・霍珀
编剧：史蒂文・斯皮尔伯格、迈克尔・格雷斯、马克・维克多
制作人：弗兰克・马歇尔、史蒂文・斯皮尔伯格
联合制作人：凯瑟琳・肯尼迪
演员：乔贝兹・威廉姆斯、海瑟・欧罗克、格雷格・T. 尼尔森
1982 年 6 月 4 日上映

《阴阳魔界》
制作人：约翰・兰迪斯、史蒂文・斯皮尔伯格
联合制作人：约翰・戴维森、迈克尔・芬尼尔、凯瑟琳・肯尼迪
执行制作人：弗兰克・马歇尔
制作人（斯皮尔伯格执导部分）：凯瑟琳・肯尼迪

《小魔怪》
（华纳兄弟 / 安培林）
导演：克里斯・哥伦布
制作人：迈克尔・芬尼尔
执行制作人：凯瑟琳・肯尼迪、弗兰克・马歇尔、史蒂文・斯皮尔伯格
演员：扎特・加里根、菲比・凯茨、霍伊特・阿克斯顿
1984 年 6 月 8 日上映

《三步舞》
（华纳兄弟 / 安培林）
导演：凯文・雷诺兹
编剧：凯文・雷诺兹
制作人：提姆・津内曼
联合制作人：帕特・基欧、巴里・M. 奥斯本
执行制作人：凯瑟琳・肯尼迪、弗兰克・马歇尔、史蒂文・斯皮尔伯格（未署名）
演员：凯文・科斯特纳、贾德・尼尔森、山姆・罗巴兹
1985 年 2 月 25 日上映

《七宝奇谋》
（华纳兄弟 / 安培林）
导演：理查德·唐纳
编剧：克里斯·哥伦布
制作人：哈维·伯恩哈德、理查德·唐纳
执行制作人：凯瑟琳·肯尼迪、弗兰克·马歇尔、史蒂文·斯皮尔伯格
演员：西恩·奥斯汀、乔什·布洛林、杰夫·科恩
1986 年 6 月 7 日

《回到未来》
（环球 / 安培林 /U-Drive[未署名]）
导演：罗伯特·泽米吉斯
编剧：罗伯特·泽米吉斯、鲍勃·盖尔
制作人：尼尔·坎顿、鲍勃·盖尔
执行制作人：凯瑟琳·肯尼迪、弗兰克·马歇尔、史蒂文·斯皮尔伯格
演员：迈克尔·J. 福克斯、克里斯托弗·洛依德、莉·汤普森
1985 年 7 月 3 日上映

《少年福尔摩斯》
（派拉蒙 / 安培林 /ILM）
导演：巴瑞·莱文森
编剧：克里斯·哥伦布
制作人：马克·约翰逊、亨利·温克勒
联合制作人：哈里·贝恩
执行制作人：凯瑟琳·肯尼迪、弗兰克·马歇尔、史蒂文·斯皮尔伯格
演员：尼古拉斯·罗尔、艾伦·考克斯、苏菲·沃德
1985 年 12 月 4 日上映

《紫色》
制作人：昆西·琼斯、凯瑟琳·肯尼迪、弗兰克·马歇尔、史蒂文·斯皮尔伯格
联合制作人：卡罗尔·伊森伯格
执行制作人：彼得·古贝尔、乔恩·彼得斯

《钱之坑》
（环球 / 安培林 /U-Drive）
导演：理查德·本杰明
编剧：大卫·吉列那
制作人：凯瑟琳·肯尼迪、阿特·莱文森、弗兰克·马歇尔
执行制作人：大卫·吉列那、史蒂文·斯皮尔伯格
演员：汤姆·汉克斯、谢莉·朗、亚历山大·乔杜诺夫
1986 年 3 月 26 日上映

《美国鼠谭》
（环球 / 安培林 /U-Drive/ 苏利文）
导演：唐·布鲁斯
编剧：朱迪·弗洛德伯格、托尼·盖斯
制作人：唐·布鲁斯、加里·戈德曼、约翰·伯曼罗伊

联合制作人：凯特·巴克、黛博拉·杰林
执行制作人：凯瑟琳·肯尼迪、大卫·科什纳、弗兰克·马歇尔、史蒂文·斯皮尔伯格
演员：多姆·德力西（配音）、克里斯托弗·普卢默（配音）、艾丽卡·约恩（配音）
1986 年 11 月 21 日上映

《大脚比利》
（环球 / 安培林）
导演：威廉·迪尔
编剧：威廉·迪尔、威廉·E. 马丁、以斯拉·D. 拉帕波特
制作人：威廉·迪尔、理查德·文恩
联合制作人：弗兰克·鲍尔（未署名）
演员：约翰·利特高、梅林达·狄龙、玛格丽特·兰里克
1987 年 6 月 5 日上映

《惊异大奇航》
（华纳兄弟 / 安培林 / 古贝尔·彼得斯）
导演：乔·丹特
编剧：杰弗瑞·伯姆、奇普·普罗瑟
执行制作人：彼得·古贝尔、乔·彼得斯、史蒂文·斯皮尔伯格
联合执行制作人：凯瑟琳·肯尼迪、弗兰克·马歇尔
演员：丹尼斯·奎德、马丁·肖特、梅格·瑞恩
1987 年 7 月 1 日上映

《辣手少年》
（环球）
导演：菲尔·乔安诺
编剧：理查德·克里斯蒂安·马西森、托马斯·E. 索罗斯
制作人：大卫·E. 沃格尔
联合制作人：约翰·戴维斯、尼尔·以色列
执行制作人：阿兰·格雷斯曼、亚伦·斯佩林、史蒂文·斯皮尔伯格（未署名）
演员：凯西·希玛兹科、安妮·瑞恩、理查德·泰森
1987 年 10 月 9 日上映

《太阳帝国》
制作人：凯瑟琳·肯尼迪、弗兰克·马歇尔、史蒂文·斯皮尔伯格
联合制作人：克里斯·肯尼
执行制作人：罗伯特·夏皮罗

《小魔怪》
（环球 / 安培林）
导演：马修·罗宾斯
编剧：布拉德·布德、马修·罗宾斯、布伦特·马多可、S.S. 威尔森
制作人：罗纳德·L. 思瓦兹
联合制作人：杰拉德·R. 莫伦
执行制作人：凯瑟琳·肯尼迪、弗兰克·马歇尔、史蒂文·斯皮尔伯格
演员：休姆·克罗宁、杰西卡·坦迪、弗兰克·麦克雷
1987 年 12 月 18 日上映

《谁陷害了兔子罗杰》
（塔奇斯通 / 安培林 / 银幕 / 迪士尼 [未署名]）
导演：罗伯特 · 泽米吉斯
编剧：杰弗瑞 · 皮尔斯、彼得 · S. 西曼
制作人：弗兰克 · 马歇尔、罗伯特 · 沃特
联合制作人：唐 · 翰、斯蒂夫 · 斯塔基
执行制作人：凯瑟琳 · 肯尼迪、史蒂文 · 斯皮尔伯格
演员：鲍勃 · 霍斯金斯、克里斯托弗 · 洛伊德、乔安娜 · 卡西迪、凯瑟琳 · 特纳（配音）
1988 年 6 月 22 日上映

《小脚板走天涯》
（环球 / 安培林 / 苏利文 · 布鲁斯 /D-Drive/ 卢卡斯影业 [未署名]）
导演：唐 · 布鲁斯
编剧：斯图 · 克里格
制作人：唐 · 布鲁斯、加里 · 戈德曼、约翰 · 波默里
联合制作人：黛博拉 · 杰林 · 纽迈耶
执行制作人：乔治 · 卢卡斯、史蒂文 · 斯皮尔伯格
联合执行制作人：凯瑟琳 · 肯尼迪、弗兰克 · 马歇尔
演员：帕特 · 亨格尔（配音）、加百列 · 达蒙（配音）、朱迪丝 · 芭西（配音）
1988 年 11 月 18 日上映

《爸爸》
（安培林 /Ubu）
导演：加里 · 大卫 · 戈德堡
编剧：加里 · 大卫 · 戈德堡
制作人：加里 · 大卫 · 戈德堡、约瑟夫 · 斯特恩
联合制作人：里克 · 基德尼、山姆 · 韦斯曼
执行制作人：凯瑟琳 · 肯尼迪、弗兰克 · 马歇尔、史蒂文 · 斯皮尔伯格
演员：杰克 · 莱蒙、特德 · 丹森、奥林匹亚 · 杜卡基斯、伊桑 · 霍克
1989 年 10 月 27 日上映

《回到未来》第二部
（环球 / 安培林 /U-Drive[未署名]）
导演：罗伯特 · 泽米吉斯
编剧：罗伯特 · 泽米吉斯、鲍勃 · 盖尔
制作人：尼尔 · 坎顿、鲍勃 · 盖尔
联合制作人：史蒂文 · 斯塔基
执行制作人：凯瑟琳 · 肯尼迪、弗兰克 · 马歇尔、史蒂文 · 斯皮尔伯格
演员：迈克尔 · J. 福克斯、克里斯托弗 · 洛依德、莉 · 汤普森
1989 年 11 月 22 日上映

《直到永远》
制作人：凯瑟琳 · 肯尼迪、弗兰克 · 马歇尔、史蒂文 · 斯皮尔伯格
联合制作人：理查德 · 韦恩

《跳火山的人》
（华纳兄弟 / 安培林）

导演：约翰·帕特里克·肖利
编剧：约翰·帕特里克·肖利
制作人：泰瑞·施瓦兹
联合制作人：罗克珊·罗杰斯
执行制作人：凯瑟琳·肯尼迪、弗兰克·马歇尔、史蒂文·斯皮尔伯格
演员：汤姆·汉克斯、梅格·瑞恩、劳埃德·布里吉斯
1990 年 3 月 9 日上映

《回到未来》第三部
（环球 / 安培林 /U-Drive[未署名]）
导演：罗伯特·泽米吉斯
编剧：罗伯特·泽米吉斯、鲍勃·盖尔
制作人：尼尔·坎顿、鲍勃·盖尔
联合制作人：史蒂文·斯塔基
执行制作人：凯瑟琳·肯尼迪、弗兰克·马歇尔、史蒂文·斯皮尔伯格
演员：迈克尔·J. 福克斯、克里斯托弗·洛依德、莉·汤普森
1990 年 5 月 25 日上映

《小魔怪续集》
（华纳兄弟 / 安培林）
导演：乔·丹特
编剧：查理·哈斯
制作人：迈克尔·芬尼尔
联合制作人：里克·贝克
执行制作人：凯瑟琳·肯尼迪、弗兰克·马歇尔、史蒂文·斯皮尔伯格
演员：扎克·加里根、菲比·凯茨、约翰·格洛弗
1990 年 6 月 15 日

《小魔煞》
（好莱坞 / 安培林 /Tangled Web）
导演：弗兰克·马歇尔
编剧：弗兰克·雅克比、韦斯利·斯崔克
制作人：凯瑟琳·肯尼迪、理查德·韦恩
联合制作人：唐·雅各比
副制作人：威廉·S. 比斯利
执行制作人：弗兰克·马歇尔、史蒂文·斯皮尔伯格
联合制作人：罗伯特·W. 科特、泰德·菲尔德
演员：杰夫·丹尼尔斯、约翰·古德曼
1990 年 7 月 19 日

《梦》
（黑泽明之梦）
（华纳兄弟 / 黑泽明）
导演：黑泽明、本多猪四郎
编剧：黑泽明
制作人：迈克·Y. 井上、黑泽久雄
副制作人：饭泉征吉、阿朗·H. 利伯特

执行制作人（国际版）：史蒂文·斯皮尔伯格
演员：寺尾聪、倍赏美津子、根岸季衣
1990 年 8 月 24 日上映

《恐怖角》
（安培林 / 卡帕 / 翠贝卡）
导演：马丁·斯科塞斯
编剧：韦斯利·斯崔克
制作人：巴拉巴拉·德菲娜、罗伯特·德尼罗（未署名）
执行制作人：凯瑟琳·肯尼迪、弗兰克·马歇尔、史蒂文·斯皮尔伯格（未署名）
演员：罗伯特·德尼罗、尼克·诺特、杰西卡·兰格、朱丽叶特·刘易斯
1991 年 11 月 13 上映

《美国鼠谭 2》
（环球 / 安培林 / 安培林动画制）
导演：菲尔·尼伯林克、西蒙·威尔斯
编剧：弗林特·迪尔
制作人：史蒂文·斯皮尔伯格、罗伯特·沃特
副制作人：斯蒂芬·希拿
执行制作人：凯瑟琳·肯尼迪、大卫·科什纳、弗兰克·马歇尔
演员：菲利普·格拉瑟（配音）、詹姆斯·斯图尔特（配音）、艾丽卡·约恩（配音）、多姆·德路易斯（配音）、艾米·欧文（配音）、约翰·克利斯（配音）
1991 年 11 月 22 日上映

《恐龙物语之回到未来》
（环球 / 安培林 / 安培林动画）
导演：菲尔·尼柏林克、西蒙·威尔斯、迪克·宗达格、拉尔夫·宗达格
编剧：约翰·帕特里克·肖利
制作人：斯蒂芬·希拿
联合制作人：泰德·因莱因
执行制作人：凯瑟琳·肯尼迪、弗兰克·马歇尔、史蒂文·斯皮尔伯格
演员：约翰·古德曼（配音）、查尔斯·弗莱舍（配音）、布雷兹·伯达尔（配音）
1993 年 11 月 24 日

《辛德勒的名单》
制作人：布兰科·勒斯蒂格、杰拉尔德·R. 莫伦、史蒂文·斯皮尔伯格
联合制作人：卢·莱文
副制作人：欧文·格劳文、罗伯特·雷蒙德
执行制作人：凯瑟琳·肯尼迪

《聪明笨伯》
（环球 / 安培林 / 汉娜－巴贝拉）
导演：布莱恩·莱温特
编剧：汤姆·S. 帕克、吉姆·詹内怀恩、斯蒂芬·E. 德苏萨
制作人：布鲁斯·科恩
联合制作人：科林·威尔森
副制作人：威廉姆·S. 比斯利

执行制作人：约瑟夫·巴贝拉、威廉·汉娜、凯瑟琳·肯尼迪、大卫·科什纳、杰拉德·R. 莫伦、史蒂文·斯皮尔伯格（署名斯皮尔罗克）
演员：约翰·古德曼、伊丽莎白·帕金斯、里克·莫拉尼斯、罗茜·欧唐纳
1994 年 5 月 27 日上映

《鬼马小精灵》
（环球 / 安培林 / 哈维）
导演：布拉德·塞伯宁
编剧：雪莉·斯托纳、狄安娜·奥利弗
制作人：柯林·威尔森
联合制作人：杰夫·富兰克林、斯蒂夫·沃特曼
副制作人：保罗·迪森
执行制作人：杰拉德·R. 莫伦、杰弗瑞·A. 蒙哥马利、史蒂文·斯皮尔伯格
演员：比尔·普尔曼、克里斯蒂娜·里奇、凯西·莫拉蒂
1995 年 5 月 26 日上映

《小狗波图》
（环球 / 安培林 / 安培林动画）
导演：西蒙·威尔斯
编剧：大卫·斯蒂文·科恩、埃拉纳·莱塞、克利夫·鲁比、罗杰·S.H. 舒尔曼
制作人：史蒂夫·希克纳
副制作人：里奇·阿伦斯
执行制作人：凯瑟琳·肯尼迪、博纳·雷德弗、史蒂文·斯皮尔伯格
演员：凯文·贝肯、鲍勃·霍斯金斯、布里吉特·芳达
1995 年 12 月 22 日上映

《龙卷风》
（华纳兄弟 / 环球 / 安培林 / 康斯坦斯 C）
导演：简·德·邦
编剧：迈克尔·克莱顿、安妮·玛丽 – 马丁
制作人：伊恩·布莱斯、迈克尔·克莱顿、凯瑟琳·肯尼迪
副制作人：格伦·撒鲁姆
执行制作人：劳里·麦克唐纳、沃特斯·帕克斯、史蒂文·斯皮尔伯格
演员：海伦·亨特、比尔·帕克斯顿、加利·艾尔维斯
1996 年 5 月 10 日上映

《黑衣人》
（哥伦比亚 / 安培林 / 麦克唐纳 – 帕克斯）
导演：巴南·索南菲尔德
编剧：爱德·所罗门
制作人：劳里·麦克唐纳、沃尔特·帕克斯
联合制作人：格雷厄姆·普莱斯
副制作人：斯蒂芬·R. 莫伦
执行制作人：史蒂文·斯皮尔伯格
演员：汤米·李·琼斯、威尔·史密斯、琳达·费奥伦蒂诺
1997 年 7 月 2 日上映

《断锁怒潮》
制作人：德比·艾伦、史蒂文·斯皮尔伯格、柯林·威尔森
联合制作人：提姆·施莱弗
副制作人：邦妮·柯蒂斯、鲍尔·迪森
执行制作人：劳里·麦克唐纳、沃尔特·帕克斯
联合执行制作人：罗伯特·库珀

《天地大冲撞》
（派拉蒙 / 梦工厂 / 扎努克 – 布朗 / 曼哈顿计划）
导演：咪咪·莱德
编剧：布鲁斯·乔伊·罗宾、迈克尔·托尔金
制作人：大卫·布朗、理查德·D. 扎努克
副制作人：D. 斯科特·伊斯顿
执行制作人：琼·布莱特肖、沃特·帕克斯、史蒂文·斯皮尔伯格
演员：罗伯特·杜瓦尔、蒂娅·里欧尼、伊利亚·伍德、瓦妮莎·雷德格瑞夫、摩根·弗里曼
1998 年 5 月 8 日上映

《佐罗的面具》
（三星 / 安培林 / 大卫·福斯特 / 全球 / 佐罗）
导演：马丁·坎贝尔
编剧：约翰·埃斯科、泰德·艾略特、特里·鲁西奥
制作人：道格·克莱鲍恩、大卫·福斯特
联合制作人：约翰·格茨
副制作人：塔瓦·R. 马洛伊
执行制作人：劳里·麦克唐纳、沃尔特·帕克斯、史蒂文·斯皮尔伯格
演员：安东尼奥·班德拉斯、安东尼·霍普金斯、凯瑟琳·泽塔 – 琼斯
1998 年 7 月 17 日上映

《拯救大兵瑞恩》
制作人：伊恩·布莱斯、马克·戈登、加里·莱文索恩、史蒂文·斯皮尔伯格
联合制作人：邦妮·柯蒂斯、阿利森·里昂·赛根
副制作人：凯文·德拉诺伊、马克·赫法姆

《鬼入侵》
（梦工厂 / 罗斯 – 阿诺德）
导演：简·德·邦德
编剧：大卫·塞欧夫
制作人：苏珊·阿诺德、唐纳·阿尔科夫·罗斯、柯林·威尔森
副制作人：马蒂·P. 尤因
执行制作人：简·德·邦德、萨缪尔·Z. 阿尔科夫（未署名）、史蒂文·斯皮尔伯格（未署名）
演员：连姆·尼森、凯瑟琳·泽塔 – 琼斯、欧文·威尔森
1999 年 7 月 23 日上映

《怪物史莱克》
（梦工厂动画 / 梦工厂 /PDI）
导演：安德鲁·亚当森、维姬·詹森
编剧：泰德·埃利奥特、特里·鲁西奥、罗杰·S.H. 舒尔曼

制作人：杰弗里·卡森伯格、阿伦·沃纳、约翰·H. 威廉姆斯
联合制作人：泰德·埃利奥特、特里·鲁西奥
副制作人：简·哈特韦尔
执行制作人：彭尼·芬克曼·考克斯、桑德拉·雷宾斯、史蒂文·斯皮尔伯格（未署名）
演员：迈克·梅尔斯（配音）、艾迪·墨菲（配音）、卡梅隆·迪亚茨（配音）
2001 年 5 月 18 日上映

《进化危机》
（哥伦比亚 / 梦工厂 / 蒙特西托）
导演：伊万·雷特曼
编剧：大卫·戴蒙德、大卫·韦斯曼、唐·雅各比
制作人：丹尼尔·戈德堡、乔·梅德约克、伊凡·雷特曼
联合制作人：保罗·迪森
副制作人：谢尔顿·卡恩、肯·施万克、罗内尔·温特
执行制作人：杰夫·阿普尔、汤姆·波洛克、大卫·罗杰斯、史蒂文·斯皮尔伯格（未署名）
演员：大卫·杜楚尼、朱丽安·摩尔、奥兰多·琼斯
2001 年 6 月 8 日上映

《人工智能》
制作人：邦妮·柯蒂斯、凯瑟琳·肯尼迪、史蒂文·斯皮尔伯格
执行制作人：简·哈兰、沃尔特·帕克斯

《黑衣人 2》
（哥伦比亚 / 安培林 / 麦克唐纳 – 帕克斯）
导演：巴里·索南菲尔德
编剧：罗伯特·戈登、巴里·法纳罗
制作人；劳里·麦克唐纳、沃尔特·帕克斯
联合制作人：格雷厄姆·帕里斯
副制作人：马克·海默斯、斯蒂芬娜·肯普
执行制作人：史蒂文·斯皮尔伯格
演员：汤米·李·琼斯、威尔·史密斯、雷普·汤恩
2002 年 7 月 3 日上映

《侏罗纪公园 3》
（环球 / 安培林）
导演：乔·庄斯顿
编剧：彼得·布奇曼、亚历山大·佩恩、吉姆·泰勒
制作人：拉瑞·J. 弗兰科、凯瑟琳·肯尼迪
副制作人：谢丽尔·A. 特卡器、大卫·沃马克
执行制作人：史蒂文·斯皮尔伯格
演员：山姆·尼尔、威廉·H. 梅西、蒂娅·里欧妮
2001 年 7 月 18 日上映

《猫鼠游戏》
制作人：沃尔特·帕克斯
史蒂文·斯皮尔伯格
联合制作人：戴弗拉·穆斯 – 汉肯

副制作人：塞尔吉奥・米米卡－戈赞
执行制作人：巴里・肯普、劳里・麦克唐纳、托尼・罗马诺、迈克尔・谢恩
联合制作人：丹尼尔・鲁比

《幸福终点站》
制作人：劳里・麦克唐纳、沃尔特・帕克斯、史蒂文・斯皮尔伯格
联合制作人：塞尔吉奥・米米卡－戈赞
执行制作人：杰森・霍夫斯、安德鲁・尼科尔、帕特里夏・惠彻

《佐罗传奇》
（哥伦比亚／安培林／特内多／斯派格拉斯）
导演：马丁・坎贝尔
编剧：罗伯托・奥奇、艾利克斯・库兹曼
制作人：劳里・麦克唐纳、沃尔特・帕克斯、洛伊德・菲利普斯
联合制作人：约翰・格茨、马克・海尔默、艾米・里德・雷斯科
副制作人：塔瓦・R. 马洛伊
执行制作人：加里・巴伯、罗杰・伯恩鲍姆、史蒂文・斯皮尔伯格
演员：安东尼奥・班德拉斯、凯瑟琳・泽塔－琼斯、卢夫斯・塞维尔
2005 年 10 月 28 日上映

《艺伎回忆录》
（哥伦比亚／梦工厂／斯派格拉斯／安培林／雷德・维根）
导演：罗伯・马歇尔
编剧：罗宾・史威考德
制作人：露西・费舍尔、史蒂文・斯皮尔伯格、道格拉斯・维克
联合制作人：约翰・德鲁卡
执行制作人：加里・巴伯、罗杰・伯恩鲍姆、博比・科恩、帕特里夏・惠彻
演员：章子怡、渡边谦、杨紫琼

《慕尼黑》
制作人：凯瑟琳・肯尼迪、巴瑞・门德尔、史蒂文・斯皮尔伯格、科林・威尔逊
助理制作人：文森特・瑟文特

《怪兽屋》
（哥伦比亚／相对论传媒／ImageMovers／安培林／索尼动画）
导演：吉尔・克兰
编剧：丹・哈蒙、罗伯・施拉伯、帕米拉・帕特勒
制作人：杰克・拉普克、斯蒂夫・斯塔基
副制作人：西斯・史密斯・凯尔顿、班尼特・施奈尔
执行制作人：詹森・克拉克、史蒂文・斯皮尔伯格、罗伯特・泽米吉斯
线上制作人：彼得・M. 托比安森
演员：米切尔・莫索（配音）、山姆・勒纳（配音）、斯宾塞・洛克（配音）
2006 年 7 月 21 日上映

《父辈的旗帜》
（梦工厂／华纳兄弟／安培林／马尔帕索）
导演：克林特・伊斯特伍德

编剧：小威廉·布罗、保罗·哈吉斯
制作人：克林特·伊斯特伍德、罗伯特·洛伦兹、史蒂文·斯皮尔伯格
联合制作人：提姆·摩尔
演员：瑞恩·菲利普、杰西·布拉德福特、亚当·比奇
2006 年 10 月 20 日上映

《硫磺岛的来信》
（梦工厂 / 华纳兄弟 / 安培林 / 马尔帕索）
导演：克林特·伊斯特伍德
编剧：山下爱丽丝
制作人：克林特·伊斯特伍德、罗伯特·洛伦兹、史蒂文·斯皮尔伯格
联合制作人：提姆·摩尔
执行制作人：保罗·哈吉斯
演员：渡边谦、二宫和也、伊原刚志
2007 年 2 月 2 日上映

《变形金刚》
（梦工厂 / 派拉蒙 / 孩之宝 / 迪·伯纳文图拉 / 齿轮头 / 思想影业）
导演：迈克尔·贝
编剧：艾利克斯·库兹曼、罗伯托·奥奇
制作人：伊恩·布莱斯、汤姆·德桑托、洛伦佐·迪·伯纳文图拉、唐·墨菲
联合制作人：肯·贝茨、阿莱格拉·克莱格
副制作人：马修·柯汉、米歇尔·麦戈纳格尔
执行制作人：迈克尔·贝、布莱恩·戈德诺、史蒂文·斯皮尔伯格、马克·瓦拉迪恩
演员：希亚·拉博夫、梅根·福克斯、乔什·杜哈明
2007 年 7 月 3 日上映

《鹰眼》
（梦工厂 /Goldcrest/KMP）
导演：D.J. 卡卢索
编剧：约翰·格里恩、特拉维斯·亚当·莱特、希拉里·塞茨、丹·麦克德莫特
制作人：帕特里克·克罗利、艾利克斯·库兹曼、罗伯托·奥奇
联合制作人：皮特·基亚雷利
副制作人：詹姆斯·M. 弗莱塔格、里泽尔·门多萨
执行制作人：爱德华·麦克唐纳、史蒂文·斯皮尔伯格
演员：希亚·拉博夫、米歇尔·穆娜瀚、罗莎里奥·道森、迈克尔·切克利斯
2008 年 12 月 26 日上映

《变形金刚：堕落者的复仇》
（梦工厂 / 派拉蒙 / 孩之宝 / 迪·伯纳文图拉）
导演：迈克尔·贝
编剧：伊伦·克鲁格、艾利克斯·库兹曼、罗伯托·奥奇
制作人：伊恩·布莱斯、汤姆·德桑托、洛伦佐·迪·伯纳文图拉、唐·墨菲
联合制作人：肯·贝茨、阿莱格拉·克莱格
副制作人：马修·柯汉、K.C. 霍登菲尔德、米歇尔·麦戈纳格尔
执行制作人：迈克尔·贝、布莱恩·戈德诺、史蒂文·斯皮尔伯格、马克·瓦拉迪恩
演员：希亚·拉博夫、梅根·福克斯、乔什·杜哈明

2009年6月24日上映

《可爱的骨头》
（梦工厂/Film4/WingNut/新西兰大型预算影视制作奖励计划/Goldcrest[未署名]/Key Creatives[未署名]）
导演：彼得·杰克逊
编剧：弗兰·威尔士、菲利帕·鲍恩斯、彼得·杰克逊
制作人：卡洛琳娜·坎宁安、彼得·杰克逊、艾米·佩罗内特、弗兰·威尔士
联合制作人：马克·阿什顿、菲利帕·鲍恩斯、安妮·布伦宁
执行制作人：肯·卡明斯、泰莎·罗斯、史蒂文·斯皮尔伯格、詹姆斯·威尔逊
演员：蕾切尔·薇姿、马克·沃尔伯格、西尔莎·罗南
2010年1月15日上映

《从今以后》
（华纳兄弟/肯尼迪-马歇尔/马尔帕索/安培林）
导演：克林特·伊斯特伍德
编剧：彼得·摩根
制作人：克林特·伊斯特伍德、凯瑟琳·肯尼迪、罗伯特·洛伦茨
执行制作人：弗兰克·马歇尔、提姆·摩尔、彼得·摩根、史蒂文·斯皮尔伯格
线上制作人（法国）：约翰·伯纳
演员：马特·达蒙、西西·迪·法兰丝、布莱斯·达拉斯·霍华德
2010年10月22日上映

《大地惊雷》
（派拉蒙/天舞影业/斯科特·鲁丁/迈克·佐斯）
导演：乔尔·科恩、伊桑·科恩
编剧：乔尔·科恩、伊桑·科恩
制作人：乔尔·科恩、伊桑·科恩、斯科特·鲁丁
执行制作人：大卫·埃利森、梅根·埃利森、罗伯特·格拉夫、保罗·施瓦布、史蒂文·斯皮尔伯格
演员：杰夫·布里吉斯、海莉·斯坦菲尔德、马特·达蒙、乔什·布洛林
2010年12月22日上映

《超级8》
（派拉蒙/安培林/坏机器人）
导演：J.J.艾布拉姆斯
编剧：J.J.艾布拉姆斯
制作人：J.J.艾布拉姆斯、布莱恩·伯克、史蒂文·斯皮尔伯格
副制作人：尤迪·纳迪维、米歇尔·雷杰文、本·罗森布拉特
执行制作人：盖·里德尔
演员：艾丽·范宁、阿曼达·米哈尔卡、凯尔·钱德勒
2011年6月10日上映

《变形金刚：黑暗之约》
（梦工厂/派拉蒙/孩之宝/迪·伯纳文图拉）
导演：迈克尔·贝
编剧：伊伦·克鲁格

制作人：伊恩·布莱斯、汤姆·德桑托、洛伦佐·迪·伯纳文图拉、唐·墨菲
联合制作人：肯·贝茨、阿莱格拉·克莱格
副制作人：马修·柯汉、迈克尔·凯斯、琳达·亚尼吉尼亚
执行制作人：迈克尔·贝、布莱恩·戈德诺、史蒂文·斯皮尔伯格、马克·瓦拉迪恩
3D 制作人：米歇尔·麦戈纳格尔
演员：希亚·拉博夫、罗茜·汉丁顿·惠特莉、泰瑞斯·吉布森
2011 年 6 月 28 日上映

《牛仔和外星人》
（环球 / 梦工厂 /Reliance/ 相对论影业 /IMAGINE/K/O/Fairview/Platinum）
导演：乔恩·费德
编剧：罗伯托·奥奇、艾利克斯·库兹曼、达蒙·林德洛夫、马克·费格斯、霍克·奥斯特比
制作人：强尼·道奇、布莱恩·格雷泽、罗恩·霍华德、艾利克斯·库兹曼、达蒙·林德洛夫、罗伯托·奥奇、斯科特·迈克尔·罗森伯格
联合制作人：丹尼尔·弗斯、凯伦·吉尔克里斯特、K.C. 霍登菲尔德、克里斯·韦德
执行制作人：博比·科恩、乔·费儒、兰迪·格林伯格、瑞恩·卡瓦莱格、史蒂文·斯皮尔伯格、丹尼斯·斯图沃特
演员：丹尼尔·克雷格、哈里森·福特、奥利维亚·王尔德
2011 年 7 月 29 日上映

《铁甲钢拳》
（试金石 / 梦工厂 /21Laps/Angry/ImageMovers/Reliance）
导演：肖恩·里维
编剧：约翰·贾斯汀
制作人：肖恩·里维、苏珊·芒特福德、唐·墨菲、罗伯特·泽米吉斯
联合制作人：里克·拜纳塔、埃里克·希达亚特
执行制作人：乔什·麦克拉格伦、玛丽·麦克拉格伦、杰克·拉普克、史蒂文·斯皮尔伯格、斯蒂夫·斯塔基
演员：休·杰克曼、伊万杰琳·莉莉、达科塔·高尤
2011 年 10 月 7 日上映

《丁丁历险记》
制作人：皮特·杰克逊、凯瑟琳·肯尼迪、史蒂文·斯皮尔伯格
联合制作人：杰森·D. 麦克加特林
副制作人：亚当·萨姆纳
执行制作人：肯·卡明斯、尼克·罗德威尔、史蒂文尼·史佩利

《战马》
制作人：凯瑟琳·肯尼迪、史蒂文·斯皮尔伯格
联合制作人：特雷西·西沃德、亚当·萨姆纳
执行制作人：拉威尔·格斯特、弗兰克·马歇尔

《黑衣人 3》
（安培林 /Media Magik/ 帕克斯－麦克唐纳）
导演：巴里·索南菲尔德
编剧：伊坦·科恩、大卫·凯普、杰夫·内桑森、迈克尔·索西欧
制作人：劳里·麦克唐纳、沃尔特·帕克斯

执行制作人：G. 麦克布朗、史蒂文·斯皮尔伯格
演员：威尔·史密斯、汤米·李·琼斯、乔什·布洛林
2012 年 5 月 25 日上映

《林肯》
制作人：凯瑟琳·肯尼迪、史蒂文·斯皮尔伯格
联合制作人：亚当·萨姆纳
执行制作人：丹尼尔·鲁比

其他作品

《惊奇故事》
（安培林 / 环球电视）
连续剧，1985—1987
执行制作人（45 集）

《肚皮问题》
（安培林 / 迪士尼）
短片，1989
执行制作人

《华纳兄弟 1990 年 2 月传统庆祝活动》
（华纳兄弟）
电视纪录片，1990
执行制作人

《过山车兔》
（安培林 / 试金石）
短片，1990
执行制作人

《回到未来》
（安培林 / 环球动画）
连续剧，1991
执行制作人（1 集）

《时间简史》
（安培林 / 英格利亚 / 英国 4 频道）
纪录片，1991
执行制作人（未署名）

《渴望飞行》
（安培林 / 环球动画 / 环球电视）
电视短片，1991
执行制作人（未署名）

《乐尼通大冒险：我怎么过的假期》
（安培林 / 华纳兄弟动画）
电视，1992
执行制作人

《勇鸭秀》
（安培林 / 华纳兄弟动画）
连续剧，1992
执行制作人

《美国鼠谭》
（安培林 / 环球动画 /Nelvana）
连续剧，1992
执行制作人（13 集）

《乐尼通大冒险》
（安培林 / 华纳兄弟动画）
连续剧，1990-1992
执行制作人（98 集）

《追逐大混战》
（安培林 / 迪士尼）
短片，1993
执行制作人

《燃烧的土地》
（安培林 / 环球电视）
电视电影，1993
执行制作人

《家有贱狗》
（安培林 / 环球电视）
连续剧，1993

《深海巡弋》
（安培林 / 环球电视）
连续剧，1993-1995
执行制作人（44 集）

《狂欢三宝》
（安培林 / 华纳兄弟动画）
连续剧，1993-1998
执行制作人（93 集）

《雅酷的世界：卡通集锦》
（安培林 / 华纳兄弟动画）
电视，1994
执行制作人

《乐通大冒险之春假》
（安培林 / 华纳兄弟动画）
电视电影，1994
执行制作人

《我疯了》
（安培林 / 华纳兄弟）
短片，1994
执行制作人

《红耳和小聪明》
（安培林 / 华纳兄弟动画）
连续剧，1995-1998
执行制作人（70 集）

《红耳和小聪明圣诞特别篇》
（安培林 / 华纳兄弟动画）
电视电影，1995
执行制作人

《乐通大冒险之夜间画廊》
（安培林 / 华纳兄弟动画）
电视电影，1995
执行制作人

《大屠杀中的幸存者》
（浩劫历史真相基金会 / 特纳）
电视纪录片，1996
执行制作人

《大事件》
（ABC/Donwell/ 梦工厂）
连续剧，1996-1997
执行制作人（2 集）

《罗杰兔精选》
（安培林 / 迪士尼）
录像，1996
执行制作人

《柏林失落的孩子》
（浩劫历史真相基金会 / 弗戈伍德）
纪录片，1997
执行制作人

《弗雷卡佐德》
（安培林 / 华纳兄弟动画）
连续剧，1997
执行制作人（1 集）

《魔钟塔》
（梦工厂）
连续剧，1998
执行制作人（1 集）

《最后的日子》
（浩劫历史真相基金会 / 肯・里柏 - 琼・比勒）
纪录片，1998
执行制作人

《红耳，爱米亚 & 小聪明》
（安培林 / 华纳兄弟动画）
连续剧，1998-1999
执行制作人（9 集）

《哇酷的愿望》
（安培林 /TMS/ 华纳兄弟动画）
录像，1999
执行制作人（未署名）

《大屠杀之眼》
（浩劫历史真相基金会 /IterCom）
纪录片，2000
执行制作人

《拍摄战争》
（梦工厂 /Lorac）
电视纪录片，2000

执行制作人
《永远忠诚》
（梦工厂 /NBC/Peculiar）
电视电影，2001
执行制作人

《兄弟连》
（梦工厂 /HBO/Playtone/BBC）
电视迷你剧，2001
执行制作人（2 集）

《我们孤胆，我们并肩》
（考恩 – 里克特 / 梦工厂 /HBO/Playtone）
电视纪录片，2001

《打破沉默》
（浩劫历史真相基金会 /Cinemax 电影生活系列 / 故事影院）
电视迷你纪录片，2002
执行制作人

《和平的代价》
（国家诺曼底登陆博物馆）
纪录片，2002
执行制作人

《劫持》
（梦工厂）
电视迷你剧，2002
执行制作人（2 集）

《缅甸大桥破坏者》
（国家诺曼底登陆博物馆）
电视纪录片，2003
执行制作人

《名单的声音》
（浩劫历史真相基金会 / 阿伦敦制作）
录像纪录片，2004
执行制作人

《丹・芬纳蒂和乐队：我是个女人》
（回家工作室 / 梦工厂）
电视电影，2005
执行制作人

《西部风云》
（梦工厂 /Voice）
电视迷你剧，2005
执行制作人

《拼写你的名字》
（南加州浩劫基金会 /Film Plus）
纪录片，2006
执行制作人

《大劫案》
（梦工厂 /IMAGEN/ 马克・伯纳特）
短片，2007
执行制作人

《与魔鬼共舞》
（梦工厂 /IMAGEN/ 马克・伯纳特）
短片，2007
执行制作人

《我要做导演》
（安培林 / 梦工厂 / 马克・伯纳特）
连续剧，2007
执行制作人（4 集）

《倒错人生》
（梦工厂）
电视剧，2009–2011
执行制作人（36 集）

《太平洋战争》
（梦工厂 /HBO/ 试金石）
电视迷你剧，2010
执行制作人（10 集）

《崛起：地面重建》
（梦工厂 /KPI）
电视纪录片，2011
执行制作人

《陨落星辰》
（梦工厂 /Ivasion）
连续剧，2011
执行制作人（10 集）

《史前新纪元》
（安培林 / 彻宁娱乐 /Kapital/Siesta/

二十世纪福克斯）
连续剧，2011
执行制作人（10 集）

《致命钥匙屋》
（安培林 / 戴维斯娱乐 / 梦工厂）
电视电影，2011
执行制作人

《河流》
（ABC/ 梦工厂）
连续剧，2011
执行制作人（1 集）

《变形金刚》（3D）
（环球创意）
主题公园背景，2011
执行制作人

《名声大噪》
（梦工厂 /Storyline/UMS）
连续剧，2012
执行制作人（14 集）

《魔符》
（安培林 / 梦工厂 / 肯尼迪 - 马歇尔）
迷你剧，2012
执行制作人

- 斯皮尔伯格和他生命中最重要的两个女人——他的母亲莉亚以及妻子凯特·卡普肖庆祝《辛德勒的名单》在 1994 年荣获两项奥斯卡奖。

– 在《第三类接触》片场，1977 年。

– 下一页：斯皮尔伯格十几岁时首次尝试拍摄电影，用的是 8 毫米手持摄像机。

“其实每一部电影都是一个时间胶囊，当你拍完一部影片、向演职人员道别时，你也把一段生命埋在了那个片场——你知道的，而那段生命将会永远留在那里。”